JN410411

고갯마루에 올라

홍사임 수필집

고갯마루에 올라

홍사임 수필집

1판 1쇄 인쇄/ 2018년 8월 20일
1판 1쇄 발행/ 2018년 8월 25일

지은이 / 홍 사 임
펴낸이 / 우 희 정
펴낸곳 / 도서출판 소소리

등록 / 제300-2007-21호
주소 / 03073 서울 종로구 성균관로 5길 39-16
전화 / 765-5663, 010-4265-5663
e-mail: sosori39@hanmail.net
www.sosori.net

값 12,000 원

*잘못된 책은 바꿔드립니다.

ISBN 979-11-5891-111-9 03810

홍사임 수필집

고갯마루에 올라

금년 내 나이 희수(喜壽)다. 그동안 지나온 길을 되돌아보며 살아갈 날이 많지 않음을 느낀다.

해방되기 3년 전에 태어나서 오늘에 이르기까지 많은 것을 경험했다. 그 굽이마다 보고 느낀 것을 새겨 봤다.

대학교 때 동양철학을 전공한 것이 도움이 되었고 고비고비마다 배운 지식과 경험이 방편이 되었다.

돌이켜보면 큰일이나 내세울만한 일은 하지 못했고 나를 위한 보람을 쌓지도 못했다. 그러나 성격이 팔자라고 길이 없으면 만들고 막히면 뚫으면서 살아왔다고 자부한다.

대학교 시절 학생운동을 하다 구속된 사건은 20여 년이 넘게 많은 고난 속에 봉착했지만 주저앉지는 않았다. 그 결과 준정부 기관의 상임이사와 감사를 10여 년간 지냈다. 그리고 늦깎이로 『문학시대』를 통해 수필가로 등단했다.

지치고 힘겨울 때마다 응원을 해준 사랑하는 5남매가 있어서 이나마 흔적을 남길 수 있음에 고마움을 전한다.

이 책이 햇빛을 보게 된 데는 『문학시대』 성춘복 회장님과 우희정 대표님의 배려와 도움이 컸기에 깊이 감사의 뜻을 올린다. 그리고 바쁜 가운데 PC작업을 열심히 해준 김지원 선생님께도 고마움을 드린다.

2018년 한여름

저자 **홍사임**

▷ 차 례

2. 눈썰매를 타며

3. 초여름의 수목원

4. 바람이 불면

1.

내 힘의 원천

내 힘의 원천

풋풋한 풀내음이 천지를 진동시키는 약동의 계절 5월. 나는 내가 이러한 생동감 넘치는 5월에 태어난 것을 감사하게 생각한다.

나는 7남매 중 서열로는 둘째이지만 딸로는 맏딸이다.

나는 어려서 한 농촌마을에서 자랐다. 마을에는 15가구 정도가 띄엄띄엄 떨어져 있었다. 우리 집은 농사를 지었는데 잘사는 편이라 생활하는데 별 어려움 없이 지냈다. 해마다 보릿고개 때에는 아버지께서 어려운 동네사람 몇몇 분에게 쌀 몇 말씩 그냥 나눠 주셨다. 살림이 넉넉했지만 아버지는 언제나 검정고무신을 신으시고 회색 옷을 즐겨 입으셨다. 근검절약이 몸에 배신 분이었다. 그런 환경에서 자란 나는 소박하지만 일을 맡으면 진지하게 생각하고 최선을 다한다. 그리고 대인관계에서는 상대방을 이해하고 배려해주려고 노력한다. 오늘의 내가 있을 수 있도록 낳아주시고 길러주신 부모님을 생각하면 항상 고맙고 감사하다.

아버지는 큰딸인 나를 유독 예뻐하셨다. 나는 초등학교에 입학하기 전 한글도 깨치고 천자문도 곧잘 읽었다. 사랑방에 손님이 오시면 나를 불러 천자문을 외우게 하여 칭찬을 듣게 했다. 나는 아버지의 사랑과 인정 속에서 자랐다.

긴 시간의 흐름과 질곡 속에서도 지난 일들이 또렷해지는 것을 느낀다.

돌아보면 오늘의 나를 있게 한 분은 바로 나의 아버지시다.

아버지는 내가 20대 초반 대학교 3학년 때 우리 곁을 떠나가셨다. 뇌일혈로 급작스럽게 돌아가셨기 때문에 우리 가족은 너무나 허망하고 하늘이 무너지는 상황을 경험했다. 그 충격은 이루 말할 수가 없었다.

나는 1964년 6·3대일 굴욕외교반대 데모에 앞장섰다가 여학생 구속자 1호로 서대문형무소에 수감되었다. 수감 중 아버지께서 별세하셨다는 소식을 들었고 아버지의 장례식날 특사로 풀려났다.

나는 서울서부터 충남 당진 송산까지 정신없이 달려갔다.

아버지의 장례식이 거의 다 끝나가고 있었다. 나는 그 자리에서 그만 쓰러지고 말았다. 뒤통수를 세게 얻어맞은 것 같이 정신이 혼미하고 다리에 힘이 풀렸다. 이 땅에서 가장 존경하고 의지하던 아버지가 세상을 떠나셨다니 도저히 믿어지질 않았다.

아버지가 돌아가신 후 우리 집안은 쑥대밭을 쑤셔놓은 것 같은 혼란 속에 빠져들었다. 큰오빠의 보증 건으로 집이 풍비박산에 이르고 나는 실의에 빠졌다. 그래도 졸업은 해야 된다는 생각에 학교에 갔지만 공부도 손에 잡히지 않았고 수업시간도 결강하는 날이 많았다.

요시찰 인물이 되어 경찰서 정보과에서 나를 미행하고 툭하면 찾아오기 일쑤였다. 그러던 중 한일수교 비준반대 운동에 참여하여 정학처분을 당하고 하는 일 없이 시간을 보냈다.

그러던 어느 날 나를 좋아한다는 사람과 자포자기 하듯 결혼을 하였다. 결혼 후 어려운 고난의 세월이 많았지만, 잘 참고 헤치며 당당하게 살아왔다. 결혼 생활 40년 동안 김밥장수에서부터 전기공장까지 운영하며 눈물 속에 눈물을 감추며 살아온 고통의 시간이 너무나 많았다.

시련 속에 도약을 위해 살아온 나는 대학교를 39년 만에 졸업했다. 삶에 지치고 고단한 가운데도 독서의 끈을 놓지 않은 것은 아버지의 기대에 못 미치는 것은 바로 불효자라는 인식이 깊게 자리매김 했기 때문이다. 38년 만에 대학 4학년에 다시 복학했을 때 1년 동안 단 한 번도 지각과 결석을 하지 않았고 열심히 공부한 결과 차석으로 졸업을 하였다.

이것은 아버지께서 생전에 새벽마다 독서하시던 자세와 근

면함과 책임감을 몸소 보여주셨기에 나도 부지불식간에 아버지의 행동을 조금이나마 닮으려고 노력했던 것 같다. 굴곡지고 어두운 세월 속에 파괴되고 찢겨진 일들이 많았지만 오뚝이같이 다시 일어났다.

지금은 내가 주위사람들에게 부러움의 대상이 되고 있다. 자식은 부모의 자화상이라고 하는데 내가 사랑하는 자녀 5남매가 모두 미래사회를 열어가는 일꾼들이 되었기 때문이다.

오늘날 웃는 자리에 있을 수 있는 것은 바로 아버지가 남겨주신 정신적 유산을 하나씩 꺼내 쓰며 살아온 결과라 할 수 있다. 지금껏 살아온 세월을 되돌아보면 수많은 암흑의 터널과 지뢰밭 같은 고난의 길을 용케도 잘 헤쳐 나왔고, 인고의 시간을 잘도 견디며 살아왔다. 그동안 뚜렷하게 큰일을 성취하지는 못했지만 주어진 여건 하에 최선을 다했다고 자부한다.

나는 40년 넘게 내 생일 5월 13일을 전후하여 내가 태어나고 자라난 내 고향 한터동산에 고이 잠들어 계신 아버지 산소를 참배한다. 아버지를 찾아뵙는 것은 내 사랑과 존경을 바치는 행사이며 아버지의 체취 속에 진솔한 대화를 나누는 시간이다.

서울을 떠나 자동차는 서해안 고속도로를 달려 기지시를 거치고 송산초교를 뒤로하며 도문리를 향해 달리다가 한터 보리밭 옆에 멈춘다. 나는 연녹색 보리향내를 맡으며 동산에 오른다. 그럴 때면 명치 끝 저만큼에서 그리움이 왈칵 몰려온다.

아버지는 이 세상을 떠나셨지만 그 자리엔 아버지에 대한 그리움이 차지했다. 슬픔보다 진한 게 그리움인 걸 나이 들면서 뼈저리게 느낀다.

아버지! 하며 산소에 엎드려져 한없이 울고 나면 가슴이 후련해지고 마음이 훨씬 가벼워진다. 그 후에 솟아오르는 힘의 신비, 이것은 말할 수 없는 힘의 원천이 되어 나를 한 단계 성숙한 인간으로 인도하는 것 같다. 참 알기 어려운 오묘한 이치다.

해마다 5월이면 바람을 타고 풍겨오는 향기 속에 나는 내 생일을 맞고 보낸다. 5월은 나의 희망인 아버지를 만나는 달이기도 하다.

(2015. 5)

용감한 형제

칠순이 지난 9월 30일, 2박 3일 일정으로 여행지를 선택한 곳이 울릉도와 독도다.

울릉도는 1998년 여름 독도에 가는 쾌속정을 기다리다가 폭풍우가 계속되는 바람에 꼬박 2박을 머물다간 기억이 있는 곳이다.

그 후 13년 만에 다시 찾았다.

도동항에 도착하여 여정을 푼 뒤 우리 일행들은 오늘은 날씨도 좋고 시간도 충분하니 성인봉까지 등정을 하겠다고 한다. 성인봉까지는 왕복 여섯 시간은 족히 걸린다. 나는 일행들보다 나이가 열 살은 많다. 내일 아침 일찍 독도에 가려면 아무래도 성인봉까지 갔다 오는 것은 무리일 것 같다.

나는 도동항에서 왕복 3시간 정도 걸리는 촛대바위까지의 해안 산책로를 택했다. 촛대바위는 조업나간 아버지를 기다리던 딸의 전설이 깃든 효녀바위의 상징이라고 한다. 도동항에서 촛대바위까지의 풍광은 변화무쌍하고 대단히 아름답다. 푸른 바다 위를 날고 있는 갈매기가 내 머리 위까지 온다. 기암절벽과 천연 동굴의 길과 에메랄드빛 바다는 그림 중의 그림이다. 그 절경에 취해서 고단함도 잊은 채 쉬지 않고 걷고 또 걸었다. 바위와 바위 사이를 잇는 무지개다리를 건너 포구와 해안을 누비며 저동항까지 왔다. 저동항에서 활어직판장으로 향하고 싶었으나 되돌아서 도동항으로 다시 향하는데 방금 전 내가 밟았던 산책로가 더욱 아름다워 보인다.

두 시간 넘게 걸으니 나도 모르는 사이 지쳐 다리도 아프고 온몸은 땀으로 범벅이 됐다. 걷다 쉬다 반복하며 무거운 다리를 이끌고 여관으로 돌아왔다. 샤워를 대충하고 잠시 쉬다가 깜박 잠이 들었다. 한 시간 정도는 잔 것 같은데 일행이 도착해서 떠드는 소리에 깼다. 일행 중 한 사람이 건네는 호박엿을 먹었더니 피로감이 풀리는 것 같았다. 호박엿은 울릉도 오미(五味) 중 하나라고 한다.

다음날 이른 아침 고속페리를 타고 독도로 향했다. 독도는 정부가 행정구역으로 2000년 4월 8일 경상북도 울릉군 남면 도동 소속으로 되어있는 것을 경상북도 울릉군 울릉읍 독도리로 격상시키고 새로운 지번도 부여했다고 했다. 정말 잘한 일이다.

독도행 페리호를 타니 가슴이 벅차고 울렁거린다. 그토록 오랫동안 보고 싶었던 독도가 아닌가.

독도에 대한 관심은 나뿐만이 아니라 우리 일행 모두가 대단히 높다. 내가 "독도는 우리 땅!" 하고 외쳤더니 쾌속정에 타고 있던 모두가 힘차게 합창을 한다. 순간 나라사랑의 열정이 강하게 흐른다.

괭이갈매기의 환영을 받으며 드디어 독도에 도착했다. 독도는 사방팔방을 둘러보아도 망망대해뿐 하늘과 바다 이외에는 도대체 보이는 것이 없다. 우리 국토 동쪽 끝이 바로 독도라는 사실이 실감난다. 울릉도에서 쾌속정을 타고 무려 3시간 40분 만에 도착했다. 나는 배에서 제일 먼저 내렸다.

접안지에 내리자마자 수비대원에게 다가가 "정말 수고 많으십니다. 이렇게 든든히 지켜 주셔서 감사합니다."라고 말하며 악수를 청했다. 지금 이 시간도 어려움을 견디며 꿋꿋하게 독도를 지키는 그들이 있기에 우리가 편히 지낼 수 있다.

일행과 함께 가져온 약간의 과자와 초콜릿을 수비대원들에게 전달하니 경례로 답한다.

수천 년 동안 우리 민족과 함께 살아왔고 살아갈 독도를 지키는 것은 바로 우리 국토, 우리 주권을 수호하는 일이다. 세상에서 가장 큰 설움은 집 없는 설움이라고 한다. 나라 없는 설움은 민족의 비극이며 국민의 불행이다. 우리가 71년 전 36

년 동안 일제의 침략으로 당한 흔적은 다 아물지도 못한 채 결국 오늘까지 분단국가로 남아 있지 않은가. 생각만 해도 끔찍한 일이다.

독도는 면적이 약 186,173㎡(약 56,416평)이며 동도와 서도로 되어있다. 동도와 서도 사이의 거리는 330m의 물길이 자리하고 있는데 서도가 동도보다 조금 큰 섬으로 서도에는 주민숙소와 물골이 있고 동도에는 등대, 경비대막사, 헬기장과 태극기가 있다.

끝없이 넓고 험난한 동해에 우뚝 솟은 동도와 서도의 모습은 외로운 섬이 아니라 기상 넘치는 용감한 형제다. 함께 어우러진 용감한 형제의 기상으로 언제나 자신의 자리를 꿋꿋이 지키고 있는 독도는 해양생태계의 보고이며 우리 국민의 자존심이다. 독도를 자신의 호적에 등재한 국민의 수가 2000년 말 400명이 넘는다고 한다. 우리의 땅 독도는 동해상의 요충지이며 역사적으로나 실질적으로나 엄연한 우리 땅 대한민국의 영토이다.

독도는 1454년『세종실록』「지리지」에 우산(독도) 무릉(울릉) 두 섬이 지적되어 역사적으로 확실히 우리 땅임을 증명하고 있다. 이러한 우리 땅 독도를 일본은 자기네 땅이라고 우기니 그런 망언이 어디에 있는가.

독도에 서식하던 강치(바다사자)가 지금은 완전히 사라져버렸다고 한다. 그것은 일본이 일제강점기 때 강치 3천 마리를 한

번에 포획하여 독도일대를 피바다로 물들였다니 천인공노할 일이다.

일본이 아직도 침략근성을 버리지 못하고 독도를 넘보는 것은 우리의 국력이 약하기 때문이다. 우리는 우리의 영토 독도를 지키기 위해 더 큰 힘을 기울여야 한다. 우리가 우리 국토를 사랑하고 지키지 않으면 누가 지킨단 말인가. 우리는 독도가 한국의 고유한 영토임을 증명하는 자료를 더 많이 발굴하고 더 많이 연구하여 온 국민에게 독도의 실체와 진실을 알리고 국토 사랑에 대한 애국정신을 다시 한 번 일깨워 주어야 한다.

여행이란 사진 몇 장을 찍는 것이 아니라 진정으로 여행지에 대하여 몸으로 느끼고 마음에 새겨야 오랫동안 추억이 되는데 내 생애 기억에 남을 추억여행이 된 것 같아 무엇보다 기쁘다.

울릉도에서 동남쪽으로 뱃길을 따라 200리(87.4㎞)에 수수만 년 동안 우리 민족과 함께 버티며 살아온 독도. 나는 내 생애에 처음으로 독도와 함께 1시간 동안 구석구석을 온몸과 마음에 새기며 국토의 소중함을 다시 한 번 느꼈다.

우리 땅을 내가 내 발로 밟는 것은 나의 특권이요, 행복이다. 이번 여행은 하늘도 맑고 큰 풍랑도 없어서 배가 선착장에 접안을 해서 독도를 마음껏 돌아볼 수 있었다. 이 얼마나 감사한 일인가. 백문이불여일견(百聞而不如一見)이라고 독도가 동도와 서도로 나뉘어져 있다는 사실을 이번 기회에 알 수 있었고 독도는 경사가 가파른 바위로 이루어져 식수가 전혀 없는 줄 알았는데 서도의 물골 바위틈에서 조금씩 떨어지는 지표수는 하루에 1,000ℓ 정도로 귀중한 식수원이 된다니 신비롭기만 하다. 역시 독도는 생명을 품고 있는 섬이다.

특히 고양이 소리를 내는 괭이갈매기는 독도를 대표하는 텃새로 매년 5월이면 섬 전체에 자리를 잡아 장관을 이룬다고 한다.

독도는 정말 아름답고 신비한 섬이다. 매일 아침 찬란히 떠오르는 동해바다의 아침 해와 더불어 우리 국민 모두에게 희망을 주는 자랑거리다.

독도를 사수하는 일은 우리 국민의 사명이요, 통일을 열어가는 길이다. 나의 사랑 독도는 우리 민족의 얼이며 자존심이고 한국의 상징이다.

(2011. 9)

자유로 산책

이른 아침부터 부슬부슬 비가 내린다.

파주 출판단지 명예 이사장님의 초청 오찬에 참석하기 위해 아침 일찍 길을 나섰다.

출판단지는 파주군 교화면 문발리에 자리하고 있다. 대중교통수단을 이용해서 그곳까지 가려면 시간이 꽤 걸릴 것 같아 시간을 넉넉히 잡았다. 회기역에서 지하철 1호선을 타고 시청역에서 2호선으로 갈아타고 합정역에서 내려 그곳에서 2200번 파주행 버스를 타야한다. 일찍이 서둘러 출판단지에 도착하니 내리던 비가 그쳤다.

출판단지가 생각보다 대규모다. 면적이 42만 3천 평이나 된다니 어마어마하다. 한강변에 버려두었던 폐천과 황무지를 우리나라 최고의 출판문화산업단지로 만들어서 출판문화를 창조하는 도시를 이루어낸 것이다. 앞으로 출판도시에 출판, 인쇄, 책, 방송, 통신, 인터넷을 연결하는 종합멀티미디어를 구축하여 문화공동체가 명실상부하게 잘 이뤄지면 융성한 문화도시로 독일의 라이프치히나 프랑스의 리옹과 같이 될 것이다.

이 지역은 군사작전 지역에 속해있기 때문에 우리 세대의 통일과 평화에 대한 염원이 담겨있어 그 의미가 남다른 곳이기도 하다.

도로 옆으로 흐르는 갈대샛강변을 따라 한참을 걸어 임진강변에 도착했다. 강기슭에는 무성한 잡초와 우거진 숲에 철조망이 둘러져 있어서 왠지 모르게 가슴이 울컥한다.

분단된 지 올해로 68년, 남쪽에 대한민국 정부가 수립된 것은 1948년 8월 15일, 북쪽에 조선민주주의 인민공화국이 수립된 것은 1948년 9월 9일이다. 1950년 6월 25일 민족상쟁인 6·25가 발발하였고 그 후 남북은 66년 동안 군사분계선을 그어놓고 휴전상태다.

38선과 휴전선, 민족상쟁의 슬픈 애화가 유유히 흐르는 임진강 여울에 감돌고 있다. 그 슬픔을 토해내지도 못하고 응어리를 꼭꼭 묻은 채 도도히 흐르고 있지만 얼마나 답답하고 고통스러웠을까. 그러나 한마디 말도 없다.

그쳤던 비가 한 방울씩 떨어진다. 우산을 펼쳐들었다.

철조망 옆에는 보초를 서고 있는 군인이 보였다. 얼마 전 군에 입대한 손자애가 생각난다. 그는 훈련소에 입대하기 전

날 큰절을 하며 "씩씩하게 군복무 잘하고 건강하게 잘 갔다가 오겠다."며 자원입대를 했다.

이 찜통더위에 훈련을 받고 있다고 생각하니 가슴이 찡하다. 며칠 전 "건강 잘 챙기고 훈련 잘 받기를 바란다."고 전자 메일로 안부를 보냈다.

자유로를 가로막고 있는 휴전선, 우리나라 한국의 현주소다. 우리나라는 지리적으로 주변 국가와 여러 가지 이해관계가 얽혀있다. 지구상에 남아있는 하나뿐인 분단국가의 숙제를 어떻게 푸느냐 하는 것은 시간 속에 답이 있겠지만 남북과 미국과의 관계를 지혜롭게 잘 활용해야 한다. 우리의 입지를 굳건히 하고 우리가 통일되는 그날까지 온 국민이 나라 사랑의 소명의식을 잊지 않는다면 언젠가 통일국가로 재탄생할 것이다.

'자유로'는 출판도시를 따라난 고속도로의 이름으로 서울과 남북이 접경한 비무장지대를 연결하고 있다. 서울 상암동의 월드컵경기장에서 출발해 행주대교 북단에서 파주 출판도시와 헤이리 예술마을, 그리고 임진각 평화누리공원(남북통일을 염원하며 파주에 설립한 공원)에서 비무장지대까지의 고속화도로이다. 남북통일이 이루어지면 북한의 개성과 평양까지 한반도 서부지역을 관통하게 돼있다.

하늘을 보니 오락가락 하던 비가 더 이상은 오지 않을 모양이다. 걸음을 재촉하여 초청장소인 열화당으로 발길을 옮겼다. 이곳은 책을 매개로한 문화를 창출하기 위한 열정이 고스란히 느껴진다.

출판도시 명예 이사장은 나의 대학교 2년 선배다. 열정이 있고 매사가 꼼꼼한 분이다. 지금까지 27년간 출판도시를 이끌어오고 계신다. 좋은 책을 만들기 위해 노력을 아끼지 않는 의지와 열정이 정말 존경스럽다.

'책은 역사다'라는 것이 선배님의 지론이다. 사실 역사적 사실이 기록되지 않는다면 역사는 후세에 논쟁만 초래할 것이다.

선배님께서는 "요즈음도 독서 많이 하느냐?"며 "이제부터는 글도 써보라."고 권하신다. 대학교 때는 논문으로 최우수상도 받고 대학원 때는 두 번이나 우수 논문상을 받았는데, 사실 글은 감성이 살아있어야 쓸 수 있는데 자신이 없어 망설여 왔었다. 그러나 이제는 내가 체험한 이야기를 바탕으로 진솔하게 쓴다면 살아있는 글이 될 것 같아 용기가 생긴다. 몇 십년 동안 뵙지 못했던 선배님들도 그 자리에서 만났다. 모두가 건강한 모습이지만 나이는 어쩔 수 없나 보다.

초롱초롱하던 눈은 아직도 변함이 없는데 윤기 흐르던 까만 머리는 희어지고 눈가의 주름은 나이를 알린다.

캠퍼스에서 함께 공부하던 선후배는 오랜 세월이 흘러갔어도 언제 어디서 만나도 반갑고 즐겁다.

한식 불고기로 오찬을 나눈 뒤 자유로를 산책하며 시간이 멈춘 듯 이야기꽃을 피우니 새삼 꿈 많던 대학 시절이 그립다.

(2016. 4)

흰머리 소녀

백발의 소녀는 없다. '백발'이란 머리털이 허옇게 센 늙은이란 표현을 나타낸 말이다.

윤기 흐르고 까맣던 내 머리도 60이 가까워오기 시작하니 흰머리가 자주 나타나 신경을 자극했다. 거울을 볼 때마다 하얗게 솟아난 머리카락을 보면 어쩐지 늙은이 같은 생각이 들어 마음이 썩 좋지 않았다.

미장원에 가서 갈색으로 염색을 하고 얼굴에 마사지도 공들여 했더니 보는 사람마다 "몇 년은 훨씬 젊어 보여서 좋아요." 한다. 그 젊어 보인다는 말이 듣기 좋아서 족히 십년간은 줄기차게 염색머리를 유지했다.

70줄에 들어서니 머리카락은 검은데 얼굴은 늘어지고 주름이 하나 둘 생기니 내가 봐도 영락없는 노인이다. 계절과 나이는 속일 수 없다더니 맞는 말이다.

고려 때 시인 우탁의 시조가 생각난다.

한 손에 가시 쥐고 또 한 손에 막대 들고
늙는 길 가시로 막고 오는 백발 막대로 치렸더니
백발이 제 먼저 알고 지름길로 오더라.

늙음은 옛날이나 지금이나 누구에게나 서글픈가 보다.

자주 염색을 하다 보니 눈이 나빠지는 거 같다. 염색을 한 달에 한 번만 미장원에서 하면 되는데 그 흰머리카락을 감춰 보겠다고 집에서도 염색을 하고 머리를 감는 과정에서 화학물질이 곧잘 눈에 들어가 눈을 망치는 것이다.

가끔 회의에도 나가고 강의를 할 때는 기를 쓰고 염색을 했는데 요즘은 나갈 일이 거의 없다. 사회생활을 하는 동안은 머리도 염색하고 옷맵시도 내며 나름대로 멋지고 아름답게 보이는 것이 하나의 예의라고 생각했지만 이제는 그럴 필요가 없어진 것이다.

10개월 만에 원래의 내 모습인 흰머리를 찾았다. 다행히도 머릿결은 별로 상하지 않았고 가늘어지거나 빠지지도 않아서 백발이 오히려 자연스럽고 품위까지 있어 보인다니 천만다행이다.

주변 사람들이 어르신은 흰머리 소녀같이 귀엽고 예뻐 보인다고 한다. 빈말일지언정 귀에 거슬리지 않는 것이 늙어도 여자는 여자인가 보다.

이제는 일상이 소소해졌다. 이곳에서 기분 좋게 눌러 살려면 이웃들과 잘 어울려야 한다. 자주 만나는 사람들과 인사를 주고 받다보니 정감이 흐른다. 내가 여기에 이사 올 때는 나이 많은 사람들이 꽤 많았는데 요즈음은 젊은 사람들이 더 많아 보인다. 역시 젊은이들이 많으니 생동감이 넘친다.

세월이 가면 몸과 마음이 함께 늙는다고 생각했는데 몸은 늙어도 마음은 여전히 젊음에 머물러 있다. 나는 아직 기억력도 괜찮고 허리도 꼿꼿하고 걸음도 잘 걷는다. 작년부터는 글을 쓴다고 책도 많이 읽고 동네 운동교실에도 일주일에 두 번 정도 나가 사람들과 격의 없이 어울리며 젊은이들한테 운동하는 방법도 가끔 배우니 재미있다. 위층 아줌마 하고는 가끔 배봉산도 산책하고 중랑천 나들이도 하고 경동시장에도 간다. 말이 통하는 감이 있는 멋쟁이다.

내가 몸살이 났을 때에는 죽도 쑤어다 주는 인정 많고 상냥한 분이다. 그녀는 60대 초반인데 내게 인간의 향기가 나는 분이라고 극찬을 보낸다. 듣기에 민망스럽다.

이곳에 온 지 10년이 되어 좋은 이웃을 만난 것 같다. 이웃사촌이라고 대부분 소박하고 열심히 사는 분들 같다.

늙어서 좋은 환경이란 좋은 이웃과 함께하는 것이다. 늙으면 몸 따로 마음 따로이기 때문에 늙음을 사실대로 인정하고 느긋한 마음으로 현실을 받아들이니 소박하고 진솔한 삶이지만 외롭거나 고독하지는 않다.

머리가 하야니 지하철을 타면 이곳저곳에서 자리를 양보하는 젊은이들이 많다. 20분 정도는 서 있어도 괜찮은데 그 이상이면 다리가 아프고 피곤이 몰려온다. 젊은이가 자리를 양보해주면 미안하지만 고맙다.

사람이 살아가는데 가장 슬픈 것은 희망이 없는 것이다. 희망이 없다고 그저 주저앉으면 다시는 영영 일어나질 못할 것 같아 내 관리는 스스로 철저히 하는 편이다.

나이 먹을수록 중요한 것은 감정의 조절이다.

감정을 억누르다 보면 우울증을 유발할 수도 있지만 그럴 때 쉬운 방법은 밖에 나가 햇볕을 쬐며 동네 한 바퀴를 도는 것이다. 그러면 어느새 상쾌해진다.

감정은 숨기지 말고 솔직하게 나타내되 승화시켜야 한다. 혼자라도 소리 내어 크게 한 번 웃어본다든가 노래를 한바탕 불러보는 것도 좋은 방법이다.

나이 들면 추억에 산다고 몸은 늙었지만 동심을 불러 일으켜 옛날 재미있던 시절을 떠올리면 외로움도 발붙이지 못한다. 요즘은 나름대로 시간을 잘 배분해서 사용하니 게으르지 않고 건강한 생활을 유지할 수 있어서 좋다.

나는 흰머리 소녀로 온화한 미소를 지으며 마음을 활짝 열고 종착역까지 가려한다.

들국화 향기

가을이 깊어가고 있다.

요즈음 아파트 화단에는 보라색과 흰색의 들국화가 아름답고 진한 향기를 아침저녁 뿜어내고 있다. 소슬바람 속에 묻어나는 국화 향기는 가을의 운치를 더욱 깊이 드리우고 있다.

가을철 산이나 들이나 어느 곳에서도 흔히 볼 수 있는 것이 들국화다. 들국화는 다년초라서 그 종류도 많고 고고한 기상을 가진 관상용 명화이기도 하다.

내가 제일 좋아하는 꽃은 들국화다. 그것은 처음부터 그랬던 것은 아니었다. 어려서는 찬 눈 속에서 고고한 자태로 피어나는 매화를 좋아했다. 그러던 것이 대학교 시절 S를 만나고부터 들국화를 좋아하게 됐다.

대학교 1학년 2학기 때였다. 여름방학이 끝난 어느 날 양현재 은행나무 아래에서 고향에 사는 Y를 통해서 S를 처음 만났다.

그는 우리 학교 인근 대학의 학생이었는데 나보다 한 학년 위였다. 굉장한 학구파며 철학이나 문학에도 꽤 조예가 깊은 것 같았다.

이후로도 그는 나를 몇 번 찾아왔다. 우리 학교 근처에 작은어머니와 조카와 함께 살고 있다고 했다.

그러던 10월 어느 날 그는 나에게 가끔 만나서 책을 읽고 난 후 독후감을 함께 이야기 하면 어떻겠냐?고 제안을 하기에 나는 좋다고 답변했다.

그가 단테의 『신곡』을 읽어 봤냐고 물어 보기에 아직 읽지 못했다고 했더니 자기 집에 있으니 같이 읽고나서 그에 대한 토론을 하면 어떻겠냐고 했다.

단테의 『신곡』을 이해하기 위해서는 우선 그리스, 로마 신화와 그리스, 로마 역사를 알아야 하기에 나는 차분하고 논리정연하면서도 겸손한 그와 대화 하는 것이 좋아서 도전하기로 하고 '그리스 로마 신화'에 대하여 공부했다. 신화의 세계란 본래 미궁과 같아서 신화를 어떻게 인식하느냐에 달려 있다.

신화의 세계에 한 번 발을 들여 놓으면 도저히 빠져 나올 수 없어 계속 헤매게 되는데 그때 상상력의 나래를 펴고 빗장을 열기 위해서는 신화에 대한 이해와 해석의 열쇠가 필요하다. 그 열쇠를 먼저 찾아서 손에 쥐어야 미궁의 진입과 탈출을 할 수 있다.

이탈리아뿐만 아니라 전 인류에게 영원불멸의 거작인 『신곡』을 나는 그때 처음 읽었다.

우리는 어느 날 대학 다방에서 커피를 마시고 대학가에 노오란 은행잎이 수북이 쌓여 있는 길을 지나 광화문에 있는 국제극장에서 나타리우드와 워렌비티 주연의 '초원의 빛'을 감상했다. 영국의 시인 윌리엄 워즈워스(1770~1850)의 장시 중 '한때 그렇게도 찬란했던 빛이었건만/ 이젠 눈앞에서 영원히 사라져버린/ 초원의 꽃이여, 꽃의 영광이여…'에서 제목을 따온 것이다. '초원의 빛'은 정말 감상적이고 첫사랑을 일깨워주는 아련하고 슬픈 영화였다.

나는 그 영화를 보는 동안 눈물을 얼마나 흘렸는지 손수건 두 개가 모두 흠뻑 젖었다. 그는 내가 정감이 있고 여자다운 여자임을 알게 된 귀한 시간이었다고 했다.

그 말을 듣는 동안 그렇게 수줍어 보기는 난생처음이었다. 우리는 인도 카레로 늦은 점심을 먹은 후 정릉에 있는 경국사를 산책했다.

정릉 산 속에 어쩜 그리도 맑고 진한 향기가 있어 우리를 반겨 주던지…. 그날 찬바람 서리 속에서 강한 생명력을 품은 들국화가 진한 향기로 우리를 완전히 감싸 안았던 것이다. 꽃은 다 아름답지만 그날따라 들국화가 더 아름다워 보였다.

인생에 있어서도 젊은 시절을 두고 꽃다운 청춘이라고 한다.

우리는 꽃다운 청춘의 열정을 1년 넘게 독서와 토론에 쏟았다.

그는 겨울방학 동안 30통이 넘는 편지를 시골집으로 보냈다. 3일에 한 번씩 우체부가 편지를 배달하니 집안 식구들이 내용을 궁금해 하기에 한 번 읽어주었더니 그 다음부터는 알려고 하지 않았다.

그 내용은 파스칼의 『명상록』 헤르만헤세의 『데미안』 등의 독후감과 책을 읽은 소회와 자신의 일과였다.

2학년 때도 일주일에 한두 번씩 만났는데 그때 일요신문에서 특집으로 대학가의 명물시리즈에 8단통으로 내가 성균관대학교 대표로 나왔었다. 그때 그의 작은어머니가 나를 찾아와서 꿈이 많은 학생들이니 이제 그만 만나는 것이 좋겠다고 조언하기에 그러겠다고 약속했다. 그 후에도 그가 두 번 찾아왔지만 냉정하게 거절했다.

돌아보니 지성과 낭만의 가치를 느끼며 꿈과 열정이 넘쳤던 때였던 것 같다.

인생의 가치관 확립은 젊은 시절 만나는 사람과의 관계에 따라 많은 영향을 받는다고 생각한다.

나는 그를 만나기 전까지 삶의 문제에 대하여 치열하게 고민하지 않았는데 내 자신에 대하여 이때부터 진지하게 생각하기 시작한 것 같다. 그때 인생에 대하여 고뇌하는 법을 배웠기에 그 후 내게 다가오는 운명을 받아들이며 맞서 왔다.

나는 긴 세월 어려움을 혹독하게 겪으면서도 독서의 세계를 마음의 고향으로 삼아 위로를 받을 수 있었다.

요즘도 때때로 들국화 향기 속에 아련한 추억을 맛보며 희망의 그림을 그리는 시간에 빠져 들기도 한다.

들국화는 누가 심거나 관리하지 않아도 척박한 비탈길이나 언덕 위 깊은 산속이나 들판에서도 뿌리를 박고 자생한다. 누가 가꾸거나 보아주지 않아도 가을이면 꽃을 피우는 들국화는 생명력이 강할 뿐 아니라 그 향기를 멀리까지 보낸다.

들국화의 청초한 빛과 진한 향기는 오늘도 나의 발걸음을 붙잡으며 가슴 깊은 곳에 잠자던 나의 영혼을 일깨운다.

어쩌면 들국화 향기는 투명하게 밀려드는 물빛 같은 그리움으로 나를 불러내고 있는 것 같다.

(2015. 11)

고마운 손

올해도 내 손을 거쳐 분갈이 한 화분에서 난초가 꽃을 피웠다. 그 은은하고 그윽한 향기는 무엇과도 비교할 수 없다.

사람은 손을 갖고 있기 때문에 자유롭게 어떤 일이든 할 수 있다. 신체 중에 중요하지 않은 곳이 없지만 그중에서도 손은 사람을 대표한다고 할 수 있다. 사람에게 손이 없다면 자유도 창조도 없었을 것이다. 손을 자유자재로 움직일 수 있는 것은 손끝에 예민한 감각이 있기 때문이다.

사람은 태어날 때 다른 동물에 비해 가장 연약하고 아무것도 지니지 않은 알몸이지만 손으로 꽉 움켜잡는 본능을 타고 났다. 그 힘은 볼수록 신기하다.

손은 섬세한 감각과 자유자제로 폈다 쥐었다 할 수 있는 기능과 움켜잡는 굳센 파악력을 갖고 있으며 주먹을 쥐면 억센 힘이 생긴다. 인간이 만물의 영장이 된 것은 생각과 사랑과 자유로운 손을 가졌기 때문이다.

인간이 만물의 영장이라지만 역할을 하기 위해서는 처음부터 끝까지 차근차근 움켜잡는 능력을 배워 나가야만 자기의 능력을 충분히 발휘할 수 있다.

손은 오묘한 구조와 뛰어난 기능을 가지고 있기 때문에 원시시대로부터 현재까지 놀라운 기능과 도구의 역할로 창조적인 일을 열심히 해왔다.

인류역사의 발전과정에서 인간의 손으로 만든 발명품이 한두 가지가 아니지만 그중에서도 증기기관차와 금속활자 등은 인류역사를 급속하게 발전시키는데 가장 큰 공헌을 했다. 그 밖에도 운명교향곡을 남긴 악성 베토벤의 손은 반복적인 노력에 의해 걸작품을 탄생시켰다.

과학과 문학과 예술의 창조는 손에서 시작되고 손에서 끝을 맺는다.

경주에 가면 우리 선조들의 손재주를 만날 수 있다.

토함산에 있는 불국사는 천년의 시간에도 후세사람들을 변함없이 맞이하고 있다.

대웅전의 석가여래와 극락전 비로전 등 이상적인 피안의 세계를 어찌 그리 잘 표현했으며 석굴암은 직선과 곡선 평면과 구면이 조화를 이루었는지. 벽 주변에 조각된 38체의 전체적인 조화는 고도의 철학과 과학적인 면모를 여지없이 나타내고 있다. 그 섬세함과 오묘함은 손의 기술에서 비롯되었다.

나는 가끔 산책로에서 엄마와 딸이 손을 맞잡고 걸어가는 모습에서 따뜻함과 사랑을 느낀다. 어머니의 따스한 손이 아니면 자녀가 어떻게 생육될 수 있겠는가. 자녀의 생육을 책임지는 어머니의 손은 세상에서 가장 위대하다.

자식을 품은 어머니의 손은 비단보다 더 부드럽고 따뜻하며 때로는 무쇠보다 강하다. 어려서 어머니의 손끝에서 자란 아이는 커서도 타인을 사랑할 줄 알며 자신의 일에 기쁨을 느낀다.

손은 우리가 생활하는데 아주 작은 일에서부터 큰일까지 그 역할이 두루 미치지 않는 곳이 없다. 평소에 음식을 만드는 일부터 큰 건설공사까지 이루어내기 때문에 손재주가 있으면 어느 곳에서도 살아갈 수 있다.

나에게는 내세울만한 손재주가 없다. 그러나 손바느질은 나름대로 하는 편이다.

지난 80년대 초 우리 가족이 어려움을 겪었을 때 내 손은 그 능력을 발휘했다. 5남매의 옷을 만들고 때로는 기성복을 줄여 입혔던 기억이 새삼스럽다.

그 시절 어려웠던 고비를 내 손이 기꺼이 담당해줬기에 우리 가족은 그 기간을 그런대로 견디어냈다. 그런 나의 손을 다시 한 번 어루만져 본다.

손은 창조할 수 있고, 나눌 수 있고, 봉사할 수 있고, 사람과의 관계를 연결시킬 수 있는 연결고리다.

손의 무한한 가능성은 더욱 새롭고 놀라운 미래를 기대하게 한다. 새로운 가치 창출이 요구되는 4차 산업시대에서는 손의 역할이 더욱 커질 것이다.

이제는 인생 100세 시대다. 연습이 불가능한 인생에서 제2의 인생을 산다는 것은 큰 축복이다. 인생 1막에서 못다 한 일을 2막에서 실현할 수 있어 참 다행이다.

가족과 자녀를 부양하기 위해 헌신한 손을 이제부터는 나의 새로운 인생을 위해 즐겁게 사용해보기로 한다.

손과 머리는 창조적인 기능을 가지고 있기 때문에 오랫동안 쓰지 않으면 퇴화된다고 한다.

나이가 들어도 손을 부지런히 움직이면 뇌의 활동이 활발해져 치매까지 예방할 수 있다니 일석이조가 아닌가.

나는 건강하고 고마운 손이 있기에 나 자신을 돌보는 것은 물론이고 화분의 꽃도 예쁘게 피울 수 있다. 그러니 내 생이 끝나는 날까지 손의 고마움을 잊지 않을 것이다.

(2017. 3)

박 꽃

며칠 전 불암산 자락의 콩국수 집에서 저녁을 먹고 나오는데 어느 울타리 담장에 핀 박꽃이 새삼스럽게 내 발길을 잡는다.

박꽃에는 오랫동안 내 가슴 속에 묻어두었던 엄마하고의 추억이 담겨있다.

대학교 2학년 여름밤의 기억은 50년이 지난 지금도 생생하기만 하다.

스르렁스르렁 수수밭 사이로 선들바람이 불던 날이었다. 그 소리는 밭에서 곡식끼리 부딪치며 알알이 여무는 소리였다. 나는 삼베 셔츠를 입고 밖으로 나갔다.

쪽빛같이 푸르른 하늘에는 어느덧 중순달이 환했다. 멀리서 이따금씩 개 짖는 소리가 들렸다.

어느새 모기가 날아와서 윙윙거리고 있었다. 나는 급히 모기향에다 불을 붙여 사랑방 마루에 내놓았다. 그리고 마당에 멍석을 깔고 쑥대불을 찾아 불을 붙였다.

처음엔 연기가 자욱하더니 얼마 후 알싸한 냄새를 뿜어내며 활활 타기 시작했다. 진한 쑥 냄새에 영악한 모기들도 자취를 감췄는지 날아들지 않는다.

저쪽 감나무 밑에서는 반딧불이 숲속에서 불을 켜고 있다. 텃밭에서는 향긋한 오이냄새가 코끝을 간질인다.

화단에는 맨드라미, 봉선화 금잔화가 피어있고 수국, 작약, 백합, 국화와 매화나무도 심겨져 있다. 매화는 지난봄에 수북이 쌓인 눈 속에서 꽃을 피워 군자의 고고한 자태를 보여주었다. 이 화단은 내가 초등학교 4학년 때 아버지와 하루 종일 만든 꽃밭이다.

달빛은 더욱 고요하고 담장 위의 박꽃은 환한 빛을 한꺼번에 발사하고 있었다. 바람이 지나가면 박꽃은 더 은은하게 어둠 속에서 뚜렷한 모습을 나타냈다.

박꽃은 순수하고 소박한 촌색시처럼 부끄럼을 타는 꽃이다. 그래서인지 햇볕이 쨍쨍 내리쬐는 한낮에 피지 않고 해질녘이 되어야 피기 시작한다.

박꽃은 농촌에서 더운 여름 뙤약볕에서 땀을 뻘뻘 흘리며 일하는 농부들과 아낙네들에게 저녁노을에 휴식을 제공하는 것 같아서 좋다.

멀리 원두막에서는 피리소리가 들렸다. 그 밤의 피리소리는 한없이 구슬프고 처량한 것 같았다. 어느 누가 밤을 그렇게 애절하게 밝히는지 알 수 없었지만 아마도 가슴 아픈 사연을 품은 듯했다.

고요가 깊어가는 밤을 나는 송두리째 가슴에 담아 보았다.

멍석 위에 두 팔을 벌리고 큰 대(大)자로 누우니 한없이 편안하고 좋았다. 자연과 하나 되는 기쁨 속에 내 고향, 나의 집에서 오롯이 맛보는 행복감이었다.

얼마간 시간이 흐른 뒤 엄마가 다가와 "모기 뜯길라, 밤도 깊었는데 들어가 자라."고 하셨다.

엄마한테 이런 다정한 말은 처음 듣는 것 같았다. 연약한 몸으로 있는 힘을 다해 열심히 살아가는 엄마를 생각하면 짠한 맘이 들었지만 우리 모녀는 서로 급한 성미로 부딪치기 일쑤였다.

그날 밤은 달이 더욱 밝게 우리 모녀를 비췄다.

"너 왜 나와 있니?"

"그냥 나와 본 거야." 하며 일어나 앉았더니 엄마도 옆에 앉으셨다.

"오늘 밤은 참 좋은 것 같네. 엄마가 있으니까. 엄마 노래 한 번 불러봐. 오랜만에 엄마 노래 한번 들어보자. 서울서 가끔 엄마 노래가 생각나더라."

"노래는 무슨, 너는 안 부를래?"

"난, 노래 잘 못 하잖아. 엄마 한 곡조만 불러봐. 엄마 노래 들으면 참 좋더라."

엄마는 못이기는 듯 노래를 구성지게 부르셨다.

"푸른 하늘 은하수 하얀 쪽배에 계수나무 한 나무 토끼 한 마리 돛대도 아니 달고 삿대도 없이 가기도 잘도 간다 서쪽 나라로…."

나도 속으로 따라 흥얼거렸다. 엄마와 단둘이 도란도란 얘기를 하다 보니 밤도 깊어 중천에 떠있던 달이 서쪽으로 많이 기울어졌다.

모깃불을 태운 잿더미에서 매캐한 연기가 뭉게뭉게 피어올랐다. 모기떼가 사방에서 다시 윙윙거리며 날아들었다.

어느새 엄마는 곤한 몸을 이기지 못하고 깊이 잠들어 있었다. 난 깊이 잠든 엄마를 깨웠다.

"밤이 꽤 깊었는데 들어가 주무셔야죠. 나도 들어갈게요."

그날 밤 우리 모녀는 환한 박꽃을 뒤로하고 잠자리를 찾아들었다. 그 후 엄마와 내 말투가 확실히 녹녹해지고 푸근해졌다. 그동안 기억의 갈피 속에 곱게 집어넣었던 잊을 수 없는 그리움이다.

엄마, 아빠와의 추억이 고스란히 담긴 그 집은 십 수년 전

남의 손에 넘어가 이제는 향수만을 남기고 있다.

여름이면 시골 어디에서든지 흔하게 볼 수 있는 박꽃에서 고향을 그려본다. 지금도 그 옛집 담장에는 박꽃이 환하게 피고 있겠지.

(2015. 8)

나의 친구 J에게

이제 아침저녁으로 선선하다.

가을이 오니 코스모스가 한들거리는 사이로 네 모습이 아른거린다.

우리가 대학교 시절 돈암동에서 둑길을 걸을 때 너는 코스모스 향기를 손끝으로 맡으며 해맑은 미소를 짓곤 했었지.

세월이 지나고 우리의 삶이 많이 변화되어 이제는 1년에 한두 번 만나는 것이 고작이지만 우리의 우정은 여전한 것 같아서 고마워.

그동안 추억의 갈피 속에 고이 간직했던 너와의 우정을 편지로 쓰려니 왠지 좀 쑥스럽다.

우리가 아주 가까워지기 시작한 것은 아마 고등학교를 졸업할 무렵이었지. 그때 네가 가끔 어두운 그림자를 드리우고 있어도 대수롭게 생각하지 않았는데 몇 밤을 함께 지새면서 우리가 처한 환경과 상황 등을 주고받다가 네 무의식 속에 갇혀 있는 것이 무엇인지 그제야 알았어. 그때 내가 "부모는 그들의 인생이 있고 우리에겐 우리의 인생이 있기 때문에 부모세대의 잘못에 연좌되어 전전긍긍할 필요가 없다."는 말에 너는 깊이 공감하면서 굳은 의지를 보였었지.

그 후 너는 모든 상황을 담담하게 받아들이며 지혜로움으로 잘 소화해낸 결과 우리나라 최고의 명문대학에 당당하게 진학하여 우리들의 표상이 되었지.

넌 공부만 잘하는 것이 아니라 얼굴도 예쁘고 키가 크고 늘씬한 데다 피아노도 잘치고 수채화도 잘 그리고 배구와 탁구도 수준급이었지만 음식까지도 끝내주었지.

내가 자취하고 있을 때 네가 놀러와서 가끔 반찬과 찌개를 해주면 그 맛이 어찌나 맛있던지 내 동생이 "이것 현자 누나가 한 거지? 정말 맛있어. 현자 누나는 얼굴만 예쁜 게 아니라 음식도 정말 맛있게 잘해." 하던 말이 지금도 귓가에 쟁쟁하구나.

나는 배추김치를 담그는 것이 서툴렀는데 너는 배추김치를 어른보다도 더 맛있게 잘 담갔었지. 그 맛은 누구의 손맛에도 빠지지 않는 것이 아주 일품이었다.

그 다음해 봄 우리 몇이서 관악산으로 등산 갔던 일도 큰 추억거리여.

1980년 봄 너의 공덕동 집에서 내가 포도주를 홀짝홀짝 마시고 취해서 "지금부터 주정 부릴지도 몰라." 했더니 "그럼 받지 뭐." 하며 '有朋 自遠方來면 不亦樂乎아(친구가 먼곳으로부터 찾아오면 또한 즐겁지 않겠는가)'라고 『논어』의 「학이편」 말을 이용해서 답을 했던 생각이 난다. 너도 기억하고 있지?

1988년 내가 의정부에서 국회의원 후보로 입후보 했을 때 네가 넉넉지 않은 살림에서도 큰돈을 후원해 줬던 일은 눈 감기 전까지 잊지 못할 고마움이야.

얼마 전 겨울 끝자락에 네가 은평뉴타운으로 이사를 했다기에 갔더니 반갑게 맞이해주며 민어매운탕과 갖가지 음식을 권하는 바람에 그 맛에 끌려 너무 많이 먹고 저녁때가 되어서야 나오는데 김장 김치까지 싸줘서 며칠 동안 잘 먹었던 기억도 새롭다. 그리고 언젠가 내 생일날 일식집에 초대하여 융성하게 접대 하던 일 등….

너는 언제나 나를 만나면 뭐든지 내 손에 쥐어줘야 직성이 풀리나 봐.

너는 항상 추억의 씨앗을 내 가슴속에 심어줘서 세월이 흐를수록 점점 자라게 하는 신비한 기술을 지니고 있는 것 같다. 그러나 나는 무뚝뚝하고 살갑지가 못해서 너에게 고맙다는 말도 제대로 하지 못하고 지냈어. 서로가 자주 만나지는 못했어도 주로 전화로 통했는데 지금은 카톡으로 대신하고 있어 친밀감이 더욱 쌓여가는 것 같다.

나는 손가락이 몽뚱해서 가끔 자판을 잘못 찔러도 너는 손가락이 길쭉해서 글자가 틀리는 것이 별로 눈에 띄지 않는다.

지난번 내가 『문학시대』 수필부문에 신인상을 받고 문단에 등단한 기쁨도 제일 먼저 너에게 알렸었다. 너는 내게 진짜 보배 중의 보배여.

너와의 우정은 봄날의 따스한 햇살과도 같고 가을날 싱그러운 코스모스와도 같아서 함께 있으면 해질녘이 되어야 헤어지게 된다. 우린 일일이 말하지 않아도 서로가 잘 통하는 거 같아. 그래서 그냥 네가 좋아.

넌 그동안 음으로 양으로 많은 것을 알려줬어. 정말 고맙다.

최근 미국에서 흥미로운 조사 결과가 나왔다고 한다.

5년 동안 1천여 명의 장수 노인들을 조사한 결과 그 공통점은 놀랍게도 친구의 수와 비례한다는 것이었다.

장수의 결정적인 요인이 '친구와의 수다'라고 하니 나에겐 너 같은 친구가 있으니 아마도 다른 장수 노인보다 더 건강하게 오래 살게 될 것 같아.

착한 친구를 두면 평생 동안 행복이 배가 된다는데 그러니 나는 행복한 사람이야.

현자야! 우리 서로 끝까지 아끼고 사랑하며 호호백발 90이 되어도 멋지고 건강하게 보람된 인생을 살아가자꾸나.

오늘도 내 옆에는 코스모스가 흐드러지게 피어서 너를 그린다. 나의 자랑, 나의 친구야, 고맙다.

그해 6월

1964년 6월은 내 인생에 큰 획이 그어진 달이다.

학생운동 여학생 구속자 1호가 된 후 60~80년대 군사정권 시절 수사정보기관에 붙들려가는 일이 잦았다.

매번 연행되어 가면 '유언비어 날조'니 '시위조종'이니 '불온 비라소지'니 하며 죄목을 달려고 하는 쪽과 승강이를 벌이다 요식행위니 앞으로는 위법행위를 하지 않겠다는 각서를 쓰고 나가라는 식으로 풀어주는 것이다.

1964년 6월 3일 전국의 수많은 학생들이 '굴욕적 한일회담 반대'와 '박정희 정권 퇴진'을 요구하며 대규모의 데모를 벌였다. 이에 위협을 느낀 박정권은 서울 일원에 비상계엄을 선포하고 천여 명의 학생들을 체포했으며 심지어 수십 명의 학생들을 내란죄로 군사법정에 세워 수개월 동안 서대문형무소에 수감하였다.

그때 나는 성균관대학교 여학생회 부회장으로 시위를 주도했다는 죄목으로 1964년 6월 4일 서대문형무소 2사 2호실에 수감됐다가 아버지께서 뇌일혈로 별세하시자 대학교 총장님과 교수님들의 구명운동 덕택으로 풀려났다. 그 후 학교에서 정학을 당했고 요시찰 인물이 되어 공부도 취직도 할 수 없는 고난의 시간을 보냈다.

1988년 4월 8일 제13대 총선에 통일민주당 의정부 지구당 위원장으로 국회의원 후보로 입후보하여 낙선의 고배를 마셨다. 그 해 광화문에 한국여성발전위원회 사무실을 개소하고 여성의 권위와 평등에 관한 여성운동을 전개하기 위한 연구와 각종 세미나, 강연에 몰두하였다. 각계의 많은 여성과 교류하고 협력의 장을 쌓아갈 무렵 미국무성 초청으로 미국의 정계와 여성계를 한 달 간 시찰하는 기회가 주어졌다. 여성의 유리천장을 깨기 위해서는 남성보다 2배 이상의 노력을 경주해야 지위를 얻고 인격체로서 설 수 있다는 현실을 직시했다. 여성의 지위향상을 위해서는 공공기관에 여성의 자리가 할당되어야 한다는 점을 부각시켰다.

공공조직은 서열이 말해주기 때문에 지위를 가지지 않고서는 정책을 실현할 수가 없다.

1993년부터 1998년까지 5년간 의료보험관리공단(현 국민건강보험공단) 상무이사로 재직하면서 전국의 227개 지역의료보험조

합과 직장의료보험으로 나눠진 의료보험 체계를 현재와 같은 하나의 체계로 통합하는데 전초적인 역할을 해내었다.

당시 통합의료보험 체계의 필요성은 알면서도 공단 내외부에서 어느 누구 하나 나서지 않았다. 당시 많은 지역조합으로 분산된 의료보험이 하나로 통합되면 국민의 편의가 증진되고 불필요한 업무를 줄이며 보험의 재정을 건전하게 만들 수 있다는 신념에서 학계와 사회단체 등 각계의 수많은 사람들을 만나 고민하고 연구하여 기어이 통합을 이루어낸 것이다. 이를 위해서 보건복지부 전산망 추진위원으로 행안부와 행정기관 전산망을 설치하는 작업에도 열성을 기울이며 일산에 직영병원 건립본부장도 겸임하느라 하루같이 새벽 6시에 출근하면 밤 12시가 넘어야 집에 들어오기를 계속했다.

그리고 한나라당 사회 문화 노동분과 정책자문위원으로 장애인 고용과 직업재활 등 취약계층의 사회복지정책, 여성정책, 노동정책에 대해서 꾸준히 연구했고 보다 나은 정책을 발견하기 위해 늦게나마 대학교를 39년 만에 차석으로 졸업하고 대학원에 진학하여 사회복지학 석사학위도 취득했다. 내가 다양한 사회활동 및 연구를 통해 소외계층에 관심을 가진 이유는 모두가 행복한 사회에서 잘 살기를 바라는 소망 때문이다.

나는 1989년 6월부터 1997년까지 10여 년 동안 6·3동지회 총무인 상임간사를 하면서 6·3운동의 실상을 기억에서 사라지기 전에 기록으로 남기고자 뜻있는 동지들과 불철주야 노력한

결과 1993년 2월 4일 6·3운동사 발간계획 및 기금 조성 문제를 확정했고 각 대학 1인씩의 편집위원을 선정하여 대학별 6·3학생운동의 실상을 집필하여 1994년 6·3학생운동 30주년에 『6·3학생운동사』를 간행하는 큰 영광을 얻게 되었다.

6·3학생운동은 한일회담 자체를 반대하거나 한일 국교정상화를 반대한 국수주의적 운동이 아니었고, 굴욕적인 한일회담에 반대하고 일본의 팽창주의에 반대한 민족자존의 민족주의 운동이었다.

6·3학생운동은 쿠데타로 정권을 잡고 민족의 정서와 국민의 의사를 무시하며 4·19정신을 유린한 군사정권에 맞서 싸운 최초의 반군사독재 민주주의 운동으로 그 운동의 맥은 문민정부 창출을 이루어냈다.

생각해보면 그 해 6·3학생운동은 내 생애를 바꾼 기폭제였다.

늙은 감나무

고향집 밭둑 위에 있는 늙은 감나무. 이 나무는 백년이 훨씬 넘었는데도 아직도 버티고 서서 가지를 드리우고 있다.

오랜 세월 동안 가을이면 으레 몇 광주리씩의 감을 우리에게 선사해 주곤 했다.

그 감은 유난히 달고 맛이 있어서 지금도 잊을 수가 없다.

간식이 흔하지 않은 시골에서는 감은 곶감으로 홍시로 또는 감말랭이로 모두에게 푸짐하고 영양가 높은 겨울철 별미를 제공했다.

우리가 이곳에 살 때만해도 나무는 한창 때였는데 그도 세월을 비켜갈 수 없었는지 지금은 가슴에 아주 크고 커다란 구멍을 안고 있다. 뿐인가, 땅으로 축 처진 나뭇가지는 커다란 막대기에 의지해 있다. 늙은 몸피는 울룩불룩하고 거기에다 커다란 지팡이까지 짚고 서 있는 형세다. 그 아래엔 잎이 수북이 쌓여 땅을 덮고 있다. 바람이 불 때마다 마른 잎들이 툭툭! 떨어진다. 이제는 겨우살이를 위해 잎을 떼어내야 겨울을 살아낼 수 있기 때문이다.

감나무 꼭대기에는 아직도 몇 개의 빨간 홍시가 까치밥으로 매달려 있다.

나는 묵묵히 서서 그 모습을 쳐다본다.

내 어린 시절의 추억을 간직한 나무는 해마다 6월이면 많은 꽃을 피우고 한여름에는 풍성한 그늘을 만들어 주었다. 꽃이 필 때면 나는 감꽃을 주워 예쁜 목걸이를 만들어 목에 걸기도 했다. 방학 때면 그늘 아래 멍석을 깔고 앉아서 책도 읽고 콧노래도 불렀다.

구멍이 숭숭 뚫리고 지팡이를 짚고도 여전히 사람들에게 휴식을 취할 수 있도록 그늘을 제공해 주고 때맞춰 열매를 주면서도 감나무는 자랑 한마디 하지 않고 있다.

1세기가 넘도록 이곳에 의연히 서서 자신의 역할을 하고 있지만 사람은 백년을 산다고 해도 70이 넘으면 신체적, 정신적으로 한계를 벗어나지 못한다.

늙은 감나무 앞에서 이제까지 살아온 세월을 반추해 본다.

그동안 열심히는 살았지만 무엇 하나 뚜렷하게 족적을 남기지 못했다고 생각하니 어쩐지 허전하고 나 자신이 짠하다.

백세시대라고 해도 인생 70이면 계절로는 초겨울에 해당된다. 초겨울은 안식에 들어가는 시기요, 인내와 순응의 계절이다. 사람도 늙으면 감나무 껍질 마냥 피부가 거칠어지고 손잔등과 얼굴에는 주근깨와 검버섯들이 돋고 어깨와 잔등에도 많은 반점이 덮는다.

그나마 감나무는 늙어도 예쁜 꽃을 피우고 탐스러운 열매를 맺는데 사람은 생성작용이 끝나면 어떤 신비력도 가지지 못한다.

논어에 '종심소욕불유구(從心所慾不踰矩)'라고 칠십에는 마음에 하고자 하는 바를 따라도 법도를 뛰어 넘지 않는다는 말이 있다. 그러나 보통사람은 늙어도 마음까지는 늙지 않아 본인이 하고 싶은 것이 있으면 옹고집을 부리게 된다.

욕심은 노망으로 비쳐지기 때문에 지혜와 너그러움으로 살아야 외롭지 않다.

한 자리에서 깊은 뿌리를 내린 이 나무는 풍우설한에도 살아남아 자연에 순응하며 자기의 역할을 감당해내고 있는 것이다. 사람도 건강하고 행복하게 살기 위해서는 나무의 지혜를 배워야 한다.

늙은 감나무를 오래도록 지켜보며 만감이 교차되는 가운데 늦가을의 쌀쌀한 바람이 휙 하고 옷깃에 스며든다.

나무는 옛날 자리에 서 있는데 주인은 바뀌었다. 십 수년 전 오빠가 이 터전을 타인에게 넘겨 준 뒤 우리는 추억만을 간직하고 있을 뿐이다.

고향을 잃은 서글픔이 눈시울을 적신다. 텅 빈 들판에 홀로

선 허수아비마냥 고독함이 가슴 깊이 스며든다.

그 자리에서 깊은 뿌리를 내리고 삶과 죽음에 초연한 모습으로 묵묵히 사는 비결을 일깨워준 이 늙은 감나무를 다시 한 번 쳐다보며 무언의 존경을 보낸다.

(2017)

성그미 바닷가

어린 시절을 회상하며 성그미를 찾았다. 상쾌한 바람이 두 팔 벌려 반갑게 맞아준다. 성그미 바닷가에 서면 아버지가 무척 그립다.

그때가 아마도 국민학교(초등학교) 4학년 여름방학 때였던 것 같다. 내가 살던 곳에서 십리 정도 되는 바닷가에 처음으로 갔었다.

성그미는 넓은 바닷가는 아니지만 그런대로 해산물이 많고 꽃게가 풍부한 곳이다. 바닷가는 고운 모래 대신 자갈이 많이 깔려있었다.

나는 십리나 되는 거리를 혼자서 달리다시피 왔기 때문에 온몸이 땀범벅이었다. 무조건 고무신을 신은 채로 바닷물로 텀벙텀벙 들어갔다.

잔잔한 물은 무릎에 와서 부딪쳐 뼛속까지 차가운 기운을 몰아주었다.

내 몸은 순간 물길을 좇아 둥실둥실 아래로 흐른다. 난생처음으로 겁도 없이 넓은 바닷물에 몸을 맡기다니 나 자신도 놀라운 일이었다.

"애야 더 들어가면 위험하니 빨리나와, 큰일 난다."

어떤 아주머니의 소리에 놀라 물속에서 차게 식은 몸을 햇볕에 내놓자 긴장감이 풀렸다. 내 몸에서는 바닷물이 줄줄 흘렀다. 옷이 완전히 젖어 물에 빠진 강아지 같다. 우선 셔츠를 벗어 힘껏 짜서 털어 입고 치마는 앉아서 대충 짰는데도 여전히 물이 흐른다. 머리는 몇 번인가 손수건으로 닦았다. 이 꼴로는 다닐 수가 없지만 염전까지 걸어가다 보면 햇볕에 저절로 마르겠지…. 숨을 크게 쉬고 걷자. 나는 염전을 향해 계속 걸었다.

그렇게 바닷물에 흠뻑 젖은 옷을 입고 아버지를 찾아갔을 때가 8월 어느 날 점심때가 훨씬 지난 시간이었다고 기억된다. 엄마 같으면 물에 젖은 옷을 보고 당장에 화부터 버럭 냈을 텐데 아버지는 걱정스런 말투로 어쩐 일이냐고 조용히 물어보셨다.

나는 바다도 한 번 보고 싶고 우리 염전도 어떻게 생겼나 구경하고 싶어서 엄마한테 말도 하지 않고 왔는데 너무 더워서 바다에 들어갔다가 옷이 이렇게 젖었다고 전후 사정을 말씀드렸더니 "그래 너는 총명해서 매사를 확실하게 알고 싶어

하는데 그것은 좋지만 다음부터는 먼데 올 때는 엄마한테 알리고 다녀야 한다"고 다정하면서도 명확하게 말씀하셨다. 나는 아버지 말씀이 끝나기 무섭게 염전을 처음부터 끝까지 둘러봤다. 내 눈으로는 가늠이 안 될 정도로 넓은 염전, 거기에서 한없는 희열과 뿌듯함을 느꼈다.

염전을 다 보고나니 저녁때였다.

아버지께서는 "점심도 안 먹어서 몹시 배고플 텐데 어린 것이 염전을 구석구석 다보고 오다니…. 얼마나 배고프냐? 빨리 나가서 요기나 하자"며 어느 식당에 들러 매운탕과 망둥이와 서대구이를 시켰다. 우리 부녀는 이른 저녁을 맛있게 먹었다. 아버지는 약주를 드시면서 가족사에 대한 이야기며 내 이름에 대한 유래까지도 들려주셨다. 내 이름 자의 임(妊)자가 중국 주(周)나라 문왕의 어머니 '태임(太妊)'의 '妊'자를 본딴 것이라며 여자로서 훌륭한 인물이 되기를 바란다는 말씀도 잊지 않으셨다. 그 당시 아버지의 여성관은 현모양처이셨던 것 같다.

아버지는 매사에 꼼꼼하면서도 통이 크셨다. 특히 한문과 우리 역사와 중국 역사에 조예가 깊으셨다. 우리에게 때때로 역사이야기와 옛 이야기도 들려주시곤 했다. 난 어려서 기억력이 좋았다. 초등학교 입학하기 전 천자문도 다 읽었고 한 번 들은 말은 거의 다 기억을 했다. 내가 할 일은 어른이 시키지 않아도 알아서 했고 다른 사람 핑계를 대지 않았다.

아버지께서는 가끔 내가 딸로 태어난 것을 안타까워하셨다.

"사내로 태어났으면 우리 가문의 중시조는 될 수 있었을 텐데. 아깝다."

화수회가 열릴 때면 나를 꼭 데리고 다니셨다.

나이가 들수록 아버지 생각이 새록새록 난다. 아버지에 대한 그리움이 울컥 몰려온다.

"아버지 보고 싶어요. 정말 아버지 생각이 많이 납니다. 왜? 그리 일찍 떠나셨나요. 좀 더 사셨으면 좋으셨을 텐데…."

혼자 뇌까려본다. 대학교 3학년 때 아버지가 뇌일혈로 돌아가시고 염전도 날아갔다. 아버지가 돌아가신 것은 바로 내 날개가 몽땅 부러진 것이었다. 그 후 나는 모든 꿈을 접어야 했다. 이제 50여 년의 긴 세월이 흘렀다.

상전벽해라고 하더니 옛날 아버지가 경영하시던 염전은 지형이 바뀌어 짐작도 못하겠다. 바닷가에서 거리가 얼마 되지 않는다고 생각했는데 지형도 변했고 제철소가 들어와 한 쪽에는 아파트가 들어서고 여기저기 파헤쳐 건설하느라고 야단법석이다. 세월의 흐름은 지형도 바꾸었지만 강렬한 햇빛과 푸른 바다는 변함이 없고 높은 하늘에는 여전히 흰 구름이 두둥실 떠있다.

성그미 바닷가에만 서면 아버지와의 지난 일이 영상처럼 스쳐지나가고 뭐라 형용할 수 없는 안타까운 마음으로 아버지께 못다 한 이야기를 되뇌어 본다.

'아버지! 그립습니다.' (2014. 7)

동서화합의 상징인 지리산

긴 겨울을 버틴 나무가 파란 잎을 밀어 올려낸다.

청명이 지난 어느 날 겨우내 닫힌 마음 훌훌 털고 지리산 노고단과 섬진강을 찾았다.

지리산은 국립공원으로 주봉인 천왕봉(1,951m)은 경남 하동군에 속해 있지만 노고단(1,507m)과 반야봉(1,751m)은 전남 구례군에 속해 있다. 산과 계곡은 남도 제일의 산답게 산수가 잘 어우러져 자연경관이 수려하고 장엄한 자연미를 잘 드러내고 있다.

경관이 뛰어나고 진달래 군락지로 유명한 노고단 능선은 아직 꽃이 만개되지 않았지만 그 비경을 유감없이 발휘하고 있다.

나는 10여 년 전 이 노고단에서 직장동료들과 달리기를 했었다. 뿐인가, 자연에 흠뻑 취하며 천왕봉에 올라 3대가 덕을 쌓아야 볼 수 있다는 일출광경과 마주했는데 지금은 노고단을 오르기도 벅차다. 노고단은 신라 때 박혁거세의 어머니 선도성모를 지리산의 산신으로 받들고 나라의 수호신으로 여겨 매년 제사를 올리던 신단의 이름이라고 한다.

이곳은 초여름에는 원추리꽃이 장관을 이룬다.

노고단에서 40대 초반으로 보이는 젊은이들을 만났다. 그들은 무척 친해 보였는데 이 고장에서 나고 자란 동네 친구들이라고 한다. 그런데 말씨가 사뭇 다르다. 한 사람은 경상도 말씨이고 다른 두 사람은 전라도 말씨다. 언어는 산맥의 능선을 중심으로 억양이 달라지는데 같은 지리산 내의 바로 옆 동네에서 자라온 그들의 말씨가 이렇게 다를 수가 있을까.

삼국시대에는 경상도는 신라 땅이고 전라도는 백제 땅이었기 때문에 언어와 풍습의 특색이 있었겠지만 지금은 삼국이 통일된 지도 일천년이 넘었는데 아직도 이웃끼리 말씨가 다른 것을 보니 문화권의 차이는 쉽게 지워지지 않는다는 것을 알 수 있다. 그것은 아마도 끼리끼리 문화에서 나온 오랜 습성인 것 같다.

우리는 옛날부터 '나'보다는 '우리'라는 말을 더 즐겨 써왔다.

예를 들면 '나'의 아들 '나'의 아내가 아니라 '우리' 아들 '우리' 아내, '내' 것이 아니라 '우리' 것이라고 '나' 대신 '우리'란 말이 일상화되어 왔다. 이런 끼리끼리의 문화는 자기네들끼리는 콩 한쪽도 나눠 먹지만 잘 모르는 타관사람들에게는 눈길도 주지 않는 타인경시문화가 되었다. 텃세가 심해서 외부인을 배척하고 자기들끼리만 뭉치려고 한다.

이런 집단적 사회문화는 농경사회의 잔재로 같은 공간에서 남자는 남자끼리, 여자는 여자끼리 방 하나를 공유하며 살아온 데서부터 시작되었다고 보여진다. 끼리끼리 문화는 같은 집단이라는 이유만으로 연고주의가 강하기 때문에 사회를 획일화시키기 쉽다.

우리나라가 선진국이 되려면 끼리끼리 문화에서 벗어나 이웃과 함께 살아가는 사회로 발전되어 나가야 한다. 같은 국민끼리 지역이나 속해있는 집단이 다르다고 해서 적대시하는 것은 결국 사회와 개인의 단절을 의미하기 때문에 결코 바람직하지 않다. 그렇잖아도 6・25사변 이후 남북이 분단된 채 이념갈등으로 남남 갈등까지 초래되어 국민통합을 이루지 못하고 극단으로 치닫고 있는데 동서까지 대결양상이 된다면 심히 가슴 아픈 일이다.

영남지역과 호남지역은 삼남지방의 행정상 경계일 뿐이다. 오늘 만난 젊은이들처럼 흉허물 없는 친밀감은 동서화합의 미래를 보는 것 같아 신선하고 흐뭇했다.

지리산은 남녘 최대의 산군을 이루고 있으며 토양이 비옥하고 숲이 울울창창하여 진안에서 발원한 섬진강은 구례군과 하동군 화개면에서부터 강폭이 넓어져 남쪽지방에 젖줄을 대고 있다.

하동읍 광평리에는 2백년이 넘는 소나무들이 은빛 모래사장과 어울려 절경을 이루고 그 위로 섬진교가 놓여 있어 하동과 전남 광양을 연결한다. 이제 이곳은 완연한 봄이다. 따스한 봄 햇살이 가득하고 바람결이 싱그럽다.

'아랫말 하동사람 윗말 구례사람이 닷새마다 어우러져 장을 펼친다'는 화개장터를 찾았다. 옛날 5일장이 재현된 듯 정감이 넘친다. 맛집을 찾아 이 지방의 별미인 재첩국에 재첩전으로 점심을 맛있게 먹었다.

산수유가 군락을 이루며 연신 손짓하는 구례 산수유 마을은 노란 웃음을 함빡 터트리며 아름다움을 맘껏 선사하고 있다. 따스한 봄빛 속에 산수유 내음새와 함께 어우러진 길을 걸으니 기운이 나고 행복하다. 이미 섬진강변에는 봄내음이 가득하다.

광양일대의 매화마을은 꽃봉오리가 하나씩 꽃망울을 터뜨린다. 그윽한 향기를 발산하며 청순하고 아름다운 기품으로 반갑게 맞아주는 백매화, 홍매화, 그리고 청매화는 군자다운 고매함을 듬뿍 풍긴다.

매화는 조그마한 꽃잎이 마치 봄의 요정 같다.

청초하고 은은하면서도 신비스러운 향기는 천상의 꽃과도 같다. 섬진강 매화마을은 봄의 정취를 물씬 풍겨 환상적인 무릉도원을 연출한다. 거기에 벚꽃이 기지개를 켜며 꽃망울이 터지고 그 뒤를 이어 진달래와 철쭉이 지리산을 물들인다.

섬진강 푸른 물줄기는 그림처럼 펼쳐지고 강변의 반짝이는 은빛 모래와 머무는 듯 흐르는 잔잔한 물결은 내 맘을 완전히 휘감아 이번 여행의 극치를 더한다.

언제나 크고 거대한 남부의 지리산은 넉넉한 어머니의 평안한 품과 같은 사랑으로 동서화합의 친밀성을 상징하는 산이다. 오늘을 사는 우리도 지리산의 슬기를 배워 반도강산에 봄의 교향곡을 힘차게 합창해 보았으면….

(2014. 4)

우리 동네 산책로

봄이 물러난 자리를 넝쿨 장미가 차지하고 성큼 여름을 깨운다.

향긋한 풀내음이 가득한 첫여름의 아침, 연초록의 냄새를 맡으며 가벼운 걸음으로 중랑천에 닿는다. 둑에 올라선 나는 깜짝 놀랐다. 태양이 그 빛을 반사해서 수면도 눈이 부셨던 모양인지 중랑천이 온통 은빛으로 빛난다. 중랑천 입구에는 1천 평이 넘는 장미원이 있다. 장미꽃들이 화려하다. 흰색, 분홍색, 주황색, 빨간색의 장미꽃이 흡사 미인대회에 출전한 미인들인 양 농염한 자태를 다투어 뽐내며 저마다 향연을 연출하고 있다.

장미꽃은 모양뿐만 아니라 그 향기까지도 고혹적이라 꽃 중에 꽃이라고 부르나 보다. 가는 발길을 멈추고 꽃의 향연에 취해서 빠져든다.

꽃은 아름다움과 젊음의 상징이다. 나도 한때는 꽃 같은 젊음이 있었을 텐데….

장미원을 나와 둑 위에서 중랑천을 바라보니 이따금 물고기가 뛰어올라 잔잔한 수면에 파문을 일으킨다. 몇 년 전까지만 해도 생활오폐수가 흘러와 악취가 나던 곳인데 이제 물이 맑아지니 물고기가 뛰놀고 철새가 날아드는 곳이 되었다.

중랑교 아래 어디엔가 몇 그루의 버드나무가 있었는데 지금은 보이질 않는다. 버드나무는 가지를 꺾어 땅에 꽂아 놓기만 해도 얼마 안 있어 뿌리를 내리고 잘 자라는 특성이 있어 처세의 달인을 버드나무에 비유하기도 한다. 버드나무 가지만 봐도 그렇다. 다른 나무보다 훨씬 빨리 수액이 굳어지고 생채기가 아문다. 버드나무는 그 줄기가 부드럽고 하늘하늘하게 가닥가닥 풀어지면서도 껍질 속으로는 무섭도록 내공을 쌓아가는 나무다. 삶의 가지 하나만 부러져도 그에 대한 미련과 집착을 버리지 못한 채 가지 끝만 바라보고 아픈 상처를 오랫동안 치유하지 못했던 나 자신이 돌이켜져 의연하게 자신을 키워가는 버드나무가 새삼스럽게 보고 싶다.

마침 강섶 쪽에 버드나무 한 그루가 보인다. 강변에 쭉쭉 늘어진 버들가지는 삼단 같은 머리카락을 바람결에 흩날리며 어서 오라고 손짓을 한다. 반가움에 한달음에 달려가 어루만지며 반갑게 인사를 나눴다.

기쁨의 인사를 나누니 발걸음이 한결 가볍다. 싱그러운 바람이 불어와 발 가는 대로 가고 눈길 닿는 대로 보며 두서없이 이런저런 생각을 하고 있는데 내 옆에 파란 비닐봉지를 들고 집게로 휴지를 줍고 있는 머리가 나와 같이 하얗게 센 노인이 있다.

늙어도 그냥 놀지 않고 사람들이 흘리고 간 휴지조각을 주우며 좋은 일을 하고 있는 노인이 고마워진다. 나는 이 나이가 되어도 여전히 남의 일처럼 보고 있지 않은가. 그 노인을 보고 "좋은 일 하시네요. 건강하세요." 하고 걸음을 옮겨 배봉산 산허리를 돌아 올라서니 가슴이 확 트인다. 초록의 냄새를 맡으니 새로운 기운과 기쁨이 머릿속, 가슴속, 핏속까지 가득 생기는 것을 느낀다. 두 팔을 크게 벌려 심호흡을 하니 상쾌하다.

눈을 돌려 동네를 바라본다. 동네가 평화롭고 아늑하다.

나무의 속삭임과 숲의 숨소리가 어우러진 산에는 상수리 나뭇잎이 푸르름을 더해가고 역광을 받은 산감나무가 황금빛으로 더욱 빛나고 있다.

이곳에는 우리나라에만 자생하는 토박이 히어리 군락지도 자리하고 있다. 히어리는 4~5월에 가지 끝에서 노란 송이꽃을 피우는데 쌍떡잎식물 장미목 조록나무과의 낙엽관목으로 송광납판화라도고 부른다.

공기는 상큼하고 나무들이 잎을 새로 피우니 신록의 싱싱함이 한층 더 싱그럽고 풍성하다. 시원한 바람을 맞으며 산길을 걸으니 나도 산이 된다.

길섶에 피어있는 야생화 한 송이에도 발길이 머물고 유심히 보지 않던 작은 돌멩이와 풀 한 포기에도 소중한 삶이 묻어있음을 발견한다.

뒤편 북악의 장엄함이 마음에 안겨온다.

흙과 숲은 우리의 숨결이다. 산은 우리에게 있는 그대로 살아가는 법을 가르쳐주고 그 안에서 생명의 소리를 배우게 한다. 바람소리, 새소리, 숲의 소리는 인간이 그 자연을 마음속에 채우게 하고 이끌게 한다. 자연과 하나 되는 나이에 물 맑고 꽃향기 그윽한 동네에서 풀냄새와 자리하고 살면서 계절따라 주변을 산책할 수 있으니 행복하다.

하늘은 눈부시게 푸르고 둘레길에는 걷기 운동하는 사람이 많다. 가끔 낯익은 사람과 눈인사도 주고받는다.

햇빛이 솔잎 사이로 아른거리는데 오솔길가의 느티나무가 미풍을 받아 가볍게 흔들린다. 나뭇가지에 앉아있던 까치 한 마리가 무엇에 놀랐는지 깍깍거리면서 날아간다. 반가운 소식이라도 있으려나 보다.

매일 무심히 지나치던 이곳이 새삼 사랑스럽고 살맛나는 동네라는 사실에 자긍심마저 생긴다. 이제 나는 행복하다고 외쳐야할까 보다.

(2013. 6)

2.

눈썰매를 타며

한강에서

모처럼 유람선을 탔다. 물의 일렁임이 볼 때와는 다르게 더 크게 다가온다.

보기에는 서울이 한강을 둘러싸고 있지만 속을 들여다보면 오히려 한강이 주변의 서울을 품고 있다. 하늘과 구름까지도.

한강은 40여 년 전 만해도 봄에는 강변에 달래, 냉이, 쑥이 다보록이 자라 서민의 밥상을 풍성하게 해주었다. 그때 나는 옆집 아줌마를 따라 쑥도 뜯고 냉이를 캐다가 된장국도 끓이며 흐뭇해했다. 내 아이 다섯이 줄줄이 자랄 때는 미역 감고 물놀이할만할 곳이 없어서 여름방학 때면 아이들과 가끔 가던 곳이 뚝섬이었다. 뚝섬에서 실컷 물놀이하고 나서 나무그늘에 앉아 도시락을 펼쳐 놓으면 아이들이 그리 좋아했다.

한동안 지우개로 지우듯 하얗던 마음이 망각의 고리를 벗기고 갇혀있던 기억을 하나씩 일깨우고 있다.

그때 나는 여러 가지 어려움으로 우울한 나날을 보냈지만 희망의 끈을 찾고자 이곳에 와서 유유히 흐르는 강물을 바라보고 있으면 답답한 마음이 조금씩 뚫리기도 하였다. 강기슭에서 바람에 흔들리면서도 꺾이지 않는 갈대를 보면서 강인함에 감동을 받고 힘을 얻었다.

강가를 따라 갈대와 억새와 코스모스가 핀 길을 산책하는 연인들은 애틋한 정을 나누며 밀어를 속삭인다.

천혜의 조건을 두루 갖추고 있는 드넓은 한강은 한강종합개발사업으로 강변에 레저 스포츠 명소가 자리 잡고 인공섬에는 자연 학습장이 있어 아이들의 해맑은 웃음소리가 싱그럽다.

물은 한강으로 모여들기 위해 빗방울로 시작해서 냇물이 강물이 되기까지 풀과 나무, 새와 물고기와 짐승의 갈증을 풀어주며 물길이 되어가는 과정에서 하천의 물도 공장폐수도 다 받아들이며 묵묵히 자신의 책임을 다하고 있다.

일천삼백리 한강의 원류는 한국의 척추인 태백산맥 검룡소에서 발원하여 남한강과 북한강이 양수리 두물머리에서 어울려 합수되고 또 임진강은 파주에서 합류하여 서해로 흐른다.

서울을 탄생시킨 한가람은 모태로서 한국을 대표하는 강이기에 우리 민족의 어머니다.

수수만년 전부터 한강의 오래된 이야기를 간직하고 있는 강변에는 수많은 사람이 모이고 헤어진다.

어쩌면 가장 깊은 곳에 선지피보다 더 검붉은 한을 가슴깊이 묻은 채 옳고 그르고 깨끗하고 추하고를 따지지 않고 모든 사연을 받아주며 품에 안고 함께 서해의 큰 바다 태평양까지 나아간다.

서쪽 하늘의 해가 강 속으로 빠져들기 시작하면 하구 전체가 붉은 노을을 머금고 오색의 찬란한 빛이 한강을 신비롭게 물들인다.

어둠이 깔리기 시작하면 불꽃의 향연을 벌이고 온통 환상적인 야경을 연출해낸다. 하늘이 캄캄해지면 강 속에서는 하나, 둘 별이 나타나 보석처럼 빛난다. 그리고 강변의 모든 불빛을 받아들여 같이 어울린다.

생명의 젖줄이 이처럼 아름답고 깨끗하다는 것은 축복이고 자랑이다. 한강은 어머니의 품속같이 사랑으로 가득하고 아무리 퍼내고 퍼내어도 마르지 않는 생명의 강이다.

그동안 무심코 흘려보냈던 강물에 마음을 조용히 담아본다. '나는 과연 한강처럼 모든 것을 포용하며 살아왔던가' 무한한 깨달음이 생긴다.

강을 따라 나도 강이 된다. 노을 속에 비치는 내 모습이 진솔하게 보인다. 현자요수(賢者樂水)라고 하는데 나도 강처럼 도도하게 흐르면서 물처럼 관대한 사람이 되고 싶다.

(2017. 9)

두 남자

내 일생에는 두 남자가 있다. 문환이와 두환이.

첫 번째 남자, 문환이는 나의 아버지가 조물주에게 부탁하여 내게 보내주신 귀한 선물이다. 나의 큰아들이기도한 문환이는 나와 뜻이 맞는 친구다. 또 내가 존경하는 남자이다.

자존심이 강하고 정서가 풍부하고 두뇌가 명석하다. 값싼 감성에 젖지 않고 지적인 양 교만하지도 않는 건강하고 긍정적인 장년으로 예리한 관찰력과 명철한 판단력을 가지고 있으면서도 친근하고 인자하다.

내 생애에 행복했던 시간은 문환이와 같이 손잡고 뛰놀며 지낸 때였다.

문환이가 초등학교 때 함께 구슬치기도 하고 홍릉에 놀러가고 술래잡기도 하고 때로는 시장도 함께 보았다. 이 시간이 내가 산 참된 시간이요, 아름다운 시간이었다.

내가 문환이 엄마로서 미안한 것이 한두 가지가 아니다.

그중에도 내 기대가 너무 커서 그에 대한 의무감을 느끼게 한 것이 미안하다.

한창 공부에 매진해야하는 시기에 내가 사업에 실패해서 그에게 마음고생을 시켰다. 진학에 대해 깊이 고민할 때 위로한답시고 밤늦도록 옆에서 『도꾸가와 이에야스』를 읽으면서 오히려 내가 위안을 받았던 기억은 마지막 눈 감을 때까지 잊지 못할 것이다.

문환이는 나의 방파제다. 아무리 거센 파도가 밀려온다 하더라도 그가 있음으로 능히 막아낼 수 있고 나의 마음에 안정과 평화를 준다.

항상 버팀목이 되어주는 큰아들 문환이! 언제나 슬기롭게 최고의 자리를 지키는 당당한 문환이는 늘 나의 희망이다.

그동안 아빠 노릇을 해주지 못한 것이 언제나 서운하다. 그리고 아빠들을 부러워한다. 특히 자식들을 사랑하는 책임감 있는 당당한 아빠들이 부럽다.

두 번째 남자 두환이는 나의 작은아들이요, 막내다.

어려서 내 사랑을 독차지하다시피 한 친구다. 두뇌가 명석하여 신동이라는 별칭을 달고 있으면서도 감성이 아주 풍부한 청장년이다.

나는 일생 동안 식구들의 생활을 책임져야 했기에 마음 놓고 마음껏 막내를 품어주지 못하고 아침 일찍 나가면 밤늦게 귀가하기가 일쑤였다. 그럴 때면 오로지 엄마를 기다리느라 긴긴 밤을 지키고 있다가 와락 품속으로 달려들곤 했다. 생각하면 가슴이 미어지도록 아프다.

세월이 흘러 두환이는 초등학교, 중·고등학교 그리고 대학, 대학원을 거쳐 박사가 되고 결혼을 했다. 지금은 미국에 S회사 주재원으로 나가있다. 국제적인 멋진 신사가 된 그가 나는 자랑스럽다.

초등학교에 입학한 어느 날 두환이가 나에게 고향에 대해 질문을 했었다.

"엄마, 내 고향은 어디야?"

"네 고향은 엄마지."

"그럼 엄마 고향은?"

"내 고향은 충청도 당진."

"그럼, 난 고향이 없는 거야?"

"아니, 서울이지. 넌 이곳 서울 토박이야."

"그럼, 왜 아까는 내 고향은 엄마라고 한 거야?"

밝고 빛나는 눈동자를 더욱 반짝이며 엄마를 쳐다보았다.

"모든 사람은 자기 엄마 배 속에서 나왔기 때문에 사실은 엄마가 진짜 고향인 거야. 그런데 모두 다 고향이 우리 엄마라고 하면 구분이 안 되니까 태어나서 자란 곳을 고향이라고 부른단다."

"응, 구분하느라고…. 알겠어."

고향은 생명의 근원이다. 고향은 사람을 낳고 사람은 나이가 들수록 고향을 그리워하는 것은 인지상정이다.

두환이는 1년에 두세 번 집에 오면 가끔 낮잠을 자기도 한다. 자는 얼굴을 가만히 바라보면 한없이 사랑스럽고 내 마음도 평화로워진다.

그 모습을 보고 있으면 햇살이 따사로워지는 오후 평화로움 속에서 자잘한 기쁨이 모여서 행복이 만들어짐을 다시 한 번 느낀다.

자녀는 부모의 열매요, 영광이다. 나의 자랑 큰아들과 막내야! 참으로 고맙고 대견하다! 너희가 내게 부족한 것을 가득히 채우고 있으니….

내가 사랑하는 두 남자는 소박하고 허식이 없으면서도 모두 책임감 있는 훌륭한 아버지이기도 하다.

(2018. 2)

온고이지신(溫故而知新)

이제는 인터넷 세상이다.

전 국민의 70% 이상이 인터넷을 이용하는 IT강국으로 인터넷은 생활과 경제는 물론 모든 분야에서 시간과 공간을 압축하는 요술방망이다.

인터넷은 인간의 노동력을 절감하고 다른 사람의 경험과 지식을 언제 어디서나 간단히 뽑아낼 수 있는 세상을 만든 것이다. 정보화 사회에서 정보력인 데이터를 소유하지 못하면 자칫 사회의 뒤안길로 사라질 수 있다.

아날로그 방식에 익숙한 나는 컴퓨터를 한 번씩 사용하려면 어려움이 이만저만이 아니다. 평소에 컴퓨터를 즐겨 사용하지 않은 나는 늙마에 컴퓨터를 사용한다는 자체만으로도 스트레스를 받는다.

20여 년 전에는 직장에서 컴퓨터 작업도 아쉬운 대로 했는데 그 후 컴퓨터를 사용할 일이 많지 않아 필요한 정보만 찾아보고 지냈더니 지금은 워드작업이 힘들다.

일은 하는 방법만 알면 그 방법을 응용하여 대비시키면 된다. 그리고 자주 반복하면 익숙해지는데 그동안 자주 사용할 일도 없었다.

PC를 사용해서 워드(word)를 치는 일은 간단한 것만 독수리 타법으로 천천히 치면 되는데 요즈음은 글을 쓸 일이 많아져서 컴퓨터보다 빠른 손으로 쓴다.

한평생을 수동방식으로 길들여져 온 데다가 컴퓨터를 배우는 일도 소홀했고 내가 직접 컴퓨터를 치지 않아도 곁에 있는 사람들이 도와서 빨리 처리해주니까 능률면에서도 효율성이 떨어져 뒷전으로 밀렸다.

지금은 눈이 많이 나빠지고 운동기능도 약해져서 컴퓨터 사용이 능률적이지 못해 오히려 볼펜으로 쓰는 것이 효과적이다. 내가 컴퓨터하고 좋은 경험이 없어서 더욱 그렇다.

2년 전 어느 날 컴퓨터하고 온종일 씨름하다가 눈병이 크게 나서 10여 일간 안과에 다니고부터는 더 멀어진 느낌이다.

문뜩 『논어(論語)』 「위정편」의 '溫故而知新'이 생각난다.

온(溫)이란 익혀서 알고 있다는 뜻이고 고(故)는 옛적에 들은 것이니 옛날에 학습한 것이요 신(新)은 새로 터득한 것이다. 그러므로 '온고이지신'은 옛날에 배운 것을 터득해 잘 알고 있으면 그 배운 지식을 응용하여 지금의 새로운 것도 알 수 있다는 것이다.

산다는 것은 평생 학습인데 자연인으로 돌아가면 일손을 놓고 나태하고 게을러짐은 나만의 병통인가 때때로 아쉬움이 앞선다.

이제 나이가 들어가니 집중력도 떨어지고 성격도 급해지는데 몸은 느리고 무슨 일을 해도 신속하게 처리하지 못하니 은근히 부아가 치민다. 그러면 미리 준비했어야 하는데 학교 때 항상 숙제를 벼락치기로 하던 그 근성을 아직도 버리지 못하고 있다. 이럴 때 나는 스스로가 한심하고 동떨어져 있는 느낌이다.

'절차탁마'의 장인정신으로 배우고 익혀야 내 것이 되는데 나이 핑계로 새로운 것을 배우려는 도전정신이 부족하고 그 익히는 과정에 수반되는 어려움을 피하다보니 자신이 없어지고 부정적일 때가 많다.

창의력은 반복과 모방 속에서 이루어지는데 열정과 각고의 노력 없이는 결코 쉽지 않다.

특히 기술은 몸에 익숙지 않으면 위태롭고 불안하기 때문에 그 일이 내 몸에 익숙할 때까지 총력을 경주해서 체화시켜야 한다. 오늘은 과거의 연장이고 내일의 시작이다.

변화무쌍한 바깥세상에 시달린다 해도 나는 내 안의 소용돌이를 견뎌내면서 조금씩 새로워지려고 한다. (2016. 10)

삶이란

황혼녘 고갯마루에 오르니 하늘가에는 붉은 노을이 몇 갈래로 길게 이어져 나갔다. 문득 기억의 갈피 속에 넣어두었던 수많은 일들이 아물아물 지나간다. 살아온 날보다 살아갈 날이 짧아진 것을 생각해보는 요즈음 '삶이란 무엇인가?' 자문해본다. 삶이란 자신이 태어났을 때 주어진 가능성을 하나하나 펼침으로서 스스로를 만들어가는 것이다.

건너다보이는 산을 힘겹게 오르며 저기 저 고갯마루까지만 오르면 그 다음은 바로 정상에 오르고, 기쁨과 숨고르기가 끝나면 내리막길로 천천히 오는 것이라고 생각하며 조금만 더 조그만 더 가자고 자기 자신을 격려하고 힘을 주면서 걸어가는 길이다. 그러나 산에 오르는 것은 큰 산이든 작은 산이든 위험이 도사리고 있다. 자칫 한눈을 판다든가 실수를 하면 발을 헛디뎌 발목을 삐든가 낭떠러지로 굴러 떨어질 수 있기 때문에 정신을 똑바로 차리고 걸어야 한다.

내 길을 가기 위해서는 목적지가 분명하지 않으면 방황하게 된다. 목적지를 향해서 마음먹은 대로 한 번에 쭉 갈 수도 있지만 때로는 망설이기도 하고 몇 번 도전 끝에 겨우 도착하기도 한다.

사는 동안 무엇을 하며 어떻게 살아야 하는가. 어떻게 행동해야 하는가에 대한 방법을 진지하게 생각하며 배우고 지성과 감성적 능력을 발달시켜 흔적을 남기는 것이라고 말하고 싶다. 삶은 스스로가 주인공이기 때문에.

어떤 일이 주변에 생기더라도 자신의 주관을 뚜렷하게 가지고 자기가 가고자 하는 목표를 향해 뚜벅뚜벅 걸어가는 것이다. 남의 눈치나 보고 품평에 신경을 쓴다면 자신의 인생을 살아간다고 할 수가 없다.

내가 사는 것은 자존심을 지키고 좋아하는 일을 하며 정수를 알고 진미를 느끼며, 꿈꾸고 노력하는 것이다. 때로는 주위 환경에 얽매여 갈등하며 속으로 삭이다가 한 번쯤 폭발이 되지만 결국은 참고 견디며 상황에 맞춰서 만들어 가는 것이다.

자기 길을 가기 위해서는 남에게 민폐를 끼치지 말고 약속을 하면 작은 약속이든 큰 약속이든 반드시 지키며 맡은 일은 끝까지 책임을 지고 감사하며 가는 것이다.

행복이란 멀리 있는 것이 아니라 내 일상생활 속에 그 실체가 자리하고 있기 때문에 서로 사랑하고 실천하므로 신뢰를 바탕으로 보다 나은 세상을 만들고 행복한 삶을 만들어 나가야 한다.

우리는 인간관계 속에서 살아야하기 때문에 여러 가지 이해관계 속에서 이성보다는 때때로 감성에 지배되기 쉽다. 그러나 크게 걱정하지 말고 때에 따라 웃고 싶을 때 웃고, 울고 싶을 때 울면 된다. 울고 나면 막힌 가슴이 뚫리고 한없는 경이로움과 희망이 생긴다.

내게 없는 것을 찾아 남과 비교하면서 고통스럽게 지내느니 자신이 가진 것에서 기쁨을 찾고 보람을 느끼면 즐겁고 행복한 일이다.

꽃밭에 뿌린 씨앗에서 꽃이 피면 향긋한 냄새가 풍기듯 나의 마지막 길에 남길 향기는 어떤 것인가 곰곰이 생각한다. 날마다 물을 주고 보살피던 나무가 어느 날 꽃을 활짝 피워 올렸을 때 마치 자신이 꽃을 피운 것처럼 가슴이 환해지는 것.

행복은 대체로 만족감에서 오기 때문에 하나는 나 자신이 하는 일이고 다른 하나는 인간관계에서 오는 행복감이다.

장수하며 잘 사는 사람이란 오랜 세월 건성건성 산 사람이 아니라 남을 배려하며 많은 경험을 한 사람이다. 남을 배려하고 사랑한다는 것은 결국 자신이 혼자 살 수 없다는 것을 아는 사람이다.

삶이란? 청명이 지난 봄날 설레는 마음으로 꽃놀이를 갔다

온 뒤에 첫눈이 오는 겨울을 기다리는 즐거움으로 사는 것.

그동안은 마음이 몸을 따랐는데 이제는 몸이 마음의 무게를 감당하지 못하고 마음만 앞서간다. 세월의 흐름 속에 모진 풍파와 늪을 지나 여기까지 왔다. 세상에 노력 없이 얻어지는 것은 하나도 없다. 사과의 진한 향기와 사각거리는 맛을 보려면 칼로 깎는 수고로움이 있어야 하듯 인생의 진가도 땀을 흘리는 노력이 있어야 얻을 수 있다.

나는 내게 부여된 삶을 잘 살아왔을까?

찬란하던 해가 서산에 기울고 강물은 흘러 아득한 바다로 가는 것을 바라보니 만감이 교차한다.

남보다 조금 더 무거운 짐을 지고 왔기에 좀 더 자주 넘어졌고 어쩜 그래서 넘어질 때도 죽을힘을 다해 다시 일어설 준비를 하느라 힘을 모았던 것 같다.

희수(喜壽)에 문득 가던 걸음을 멈추고 고갯마루에 올라 행적을 돌아보며 도대체 삶이란 무엇인가? 다시 한 번 되묻게 된다.

(2018. 2)

천년고도를 보고 느끼며

깊어가는 경주의 가을은 만산홍엽의 풍광이 극치에 이르렀다.

이번 여행은 딸과 함께 경주 근처를 둘러보는 일정이다.

경주는 한마디로 우리 문화유산의 보고다. 한 국가가 1천년간 지속된다는 것은 세계 유래상 보기 드문 일이다.

제일 먼저 찾아간 곳이 태종무열왕(29대, 재위 654-661)릉이다.

통일대업의 기반을 닦은 대왕의 기상은 겸손하다. 경주 북서쪽 선도산에서 남쪽으로 뻗은 구릉의 말단부에 자리한 릉은 아무런 치장이 없다. 통일신라의 대업의 기반을 이룩한 왕이지만 위용을 자랑하지 않으면서도 소담하고 온화한 느낌을 준다. 따뜻하고 유순하며 인간적 체취가 느껴지는 분위기에서 백성들과 정서적인 유대가 이루어져 통일의 대업을 이루었으리라는 느낌을 받았다.

충효동 송화산 남쪽 구릉 끝에 솔내음이 물씬 풍기는 길을 따라 올라가면 삼국을 통일한 총사령관다운 위엄이 서린 김유신 장군이 잠들어 있다. 십이지신상을 새긴 석물이 둘러져 있는데 십이지상은 평복을 입고 무기를 들고 있는 모습으로 몸은 사람의 형체이고 머리는 동물 모양이다. 이 능에서는 통일신라시대 이후의 웅장한 맛이 느껴진다. 발길이 향한 곳은 신라 초기 30기의 고분군인 대릉원이다. 황남동 일대에 분포되어 있는 우람한 봉분으로, 웅장한 면모를 과시한다.

1973년 발굴된 천마총은 전형적인 신라의 금관을 비롯한 유물 11,500여 점이 출토되었는데 그중 자작나무 껍질에 하늘을 나는 그림이 그려진 말다래가 나왔으므로 천마총이라고 한다. 이곳에 특이하게 담장을 둘러 무덤 전체를 보호하고 무덤 안쪽에 위패를 모신 숭혜전의 인물은 유일하게 이름이 밝혀진 신라 제13대 미추왕릉이다. 그는 농업을 장려하여 농민들에게 추앙을 받았으며 전설에 따르면 그 당시 대나무가 병사로 변하여 적군을 물리쳤다고 하여 '죽현릉'이라고도 한다. 고금동서를 막론하고 부국강병과 애민에 힘쓴 지도자는 존경을 받는다.

인왕동에 신라의 상징물인 첨성대를 찾았다. 화강석을 가공하여 기단 위에 27단의 석단을 원통형의 무선으로 쌓아올리고 그 위에 장대석을 우물정자형으로 축소하여 정상부에서 천문을 살피도록 되어 있다. 정남쪽의 석단에는 밑으로부터 제13단과 제15단 사이에 네모난 출입구가 있어 내부로 들어갈 수 있다. 출입구 아랫부분 양쪽에는 사다리를 걸쳐 오르내리도록 되어있어 이곳을 통해 꼭대기까지 올라가 하늘을 관찰했던 것으로 동양에서 가장 오래된 천문관측대이다. 그러나 문화유산의 안목이 일천한 나에게는 동양 최고의 천문대라고 보기에는 좀 초라한 느낌이다.

근처의 국립 경주박물관은 신라의 문화유산을 한눈에 살필 수 있다. 이곳은 신라역사관, 신라미술관, 월지관으로 나누어져 있으며 성덕대왕신종도 있다. 신라역사관은 구석기시대부터 건국 이후 천년 왕국의 기틀을 다져간 모습을 확인할 수 있으며 신라가 황금의 나라였고 황금은 권력의 상징이었음을 보여준다. 법흥왕과 진흥왕의 영역 확장과 중앙집권화의 과정도 살필 수 있다. 마지막으로 백제와 고구려를 멸망시키고 당나라를 물리치면서 한반도에 최초의 통일국가를 이룩한 역사를 볼 수 있다.

신라미술관은 신라의 찬란한 불교미술품을 시기 순으로 전시하고 있으며 석탑, 사리, 미륵삼존불, 약사불 등도 만날 수 있다. 그리고 망새(치미), 사리갖춤, 기와 등도 있다.

월지관은 월지 출토품을 전시하고 있는데 신라 통일기 궁중생활의 면모를 보여주는 다양한 종류의 실생활용품으로 왕실의 생활문화 전반을 엿볼 수 있다.

정문과 마주하는 옥외전시장의 33대 성덕대왕(702~737)신종, 이것이 바로 에밀레종이다. 1,200년을 하루같이 소리 내어 울려왔던 에밀레종은 지금은 녹음된 소리만 들을 수 있다. 보기에는 여느 범종과 마찬가지로 항아리를 뒤집어놓은 달걀모양이지만 정중하면서도 유연한 곡선미가 있다.

몸체에는 아름다운 비상천이 조각되었고 종봉과 마주치는 자리에는 연꽃무늬 당좌가 양쪽에 새겨졌다. 그리고 맨 아랫부분인 종구는 여덟모의 엷은 각이 맵시 있게 마무리되었다. 거기에 인간이 만들어낼 수 있는 가장 위대한 형태의 소리와 울림의 아름다움을 지닌 것이 바로 이 신종이다. 이 신종의 종소리는 다른 종이 흉내낼 수 없는 장엄하고 맑고 신비스러운 여운이 있어서 이것을 신비롭게 생각하고 에밀레라는 전설이 생겨났다는 이야기가 있다.

전설을 듬뿍 안고 있는 에밀레종을 대하니 마음이 숙연해진다.

다음 날 이른 아침 토함산 자락에 자리 잡은 불국사에 오르는 길은 공기가 싱그럽고 상쾌하다.

우리 문화재의 얼굴이며 우리의 멋과 미의 상징인 불국사, 세계의 자랑이라 할 수 있는 불국사의 건축물은 회랑이 있는 가람배치의 엄정성과 엄청난 축대를 반듯이 쌓은 석축과 제각각 다른 크기의 자연석을 이 맞추듯 꽉 채워 쌓았다. 이것은 자연미와 인공미의 기막힌 조화다. 이 어울림의 조화와 정연한 기품이 내 가슴을 벅차오르도록 만든다.

천상으로 오르는 33계단인 백운교와 청운교를 지나 자하문에 들어서면 대웅전과 마주한 좌우로 석가탑과 다보탑이 우뚝 서 있다.

직선과 곡선 그리고 강약의 환상적인 다보탑의 절묘하고 화려한 구조와 부드러움은 여성미를 잘 나타내고 있다. 반면에 아사달과 아사녀의 전설을 담고 있는 석가탑(공식명칭: 삼층석탑)은 우아하고 단순하면서도 견실한 힘이 느껴지며 안정적인 남성미를 보여주고 있다.

발길을 돌려 토함산 높은 산중 동쪽 자락에 있는 석불사 석굴에 도착했다. 55년 전에 본 석굴암 전경이 아니다. 19년 전 경주에 왔을 때는 이곳까지 올라오지 못했었다.

석굴암의 불상은 이상적 인간상의 구현이라고 한다. 오른손 검지가 살짝 들려있는 것은 석가모니불의 상징성을 나타낸다.

1년의 끝자락이자 시작인 동짓날 일출의 방향에 맞춰 개방 구조가 일치돼 있었다는 석굴암을 확인하고 싶었다. 그러나 석굴의 전실을 목조건물로 막음으로서 외견상 석굴암은 목굴암이 되어 있었다.

석굴의 본존불은 신성과 인성의 조화로운 만남을 통해 온화함과 엄숙함이 함축된 자비의 미소를 짓는다. 나는 오랫동안 넋을 잃은 채 엄숙하고도 온화한 기품에 경건을 표했다. 이렇게 깊은 감화를 받도록 하기 위해서는 이 본존불을 만든 장인은 영혼의 일체된 감정으로 절차탁마(切磋琢磨)의 경지를 몇 십번이나 넘었을까, 깊은 사색의 여운을 남긴다. 예술은 정성을 깃들인 혼을 담지 않으면 결코 감명을 줄 수 없다.

천년의 경주가 오랜 기간 살아있는 문화유산을 오늘까지 간직할 수 있는 것은 정성된 영혼의 흔적이 곳곳에 짙게 배어있어서다.

나는 이번 여행을 하면서 다리가 불편해서 걱정을 했으나 동행을 해준 딸이 있어 행복했다. 때때로 딸이 잡아주는 따뜻한 손에 이끌려 감포항에서 싱싱한 회로 입맛을 살려 기운을 내고 양동마을의 양지바른 언덕배기를 오르며 오붓하고 값진 시간을 끝까지 멋지게 보냈다.

(2017. 10)

종교에 대한 나의 생각

나는 30년간 신앙생활을 해온 권사다. 대학교 때 동양철학(유교철학)을 전공한 관계로 신(神)에 대하여 별 관심이 없다가 40세 때 교회에 나갔다. 신앙생활에 열정을 쏟으며 인간의 삶과 죽음 그리고 종교성에 대하여 공부하던 중 천국의 존재에 대하여 회의가 들기 시작했다. 과연 천국은 존재하는가?

종교의 요소가 신화(myth)와 의식(cult)이라고 하는데 神(하나님)과 인간의 연결고리는 이제 의식만 보인다.

성경 창세기 1장 1절을 보면 '태초에 하나님이 천지를 창조하시느니라'고 되어 있다. 이것은 우주를 탄생시킨 분은 오직 하나님이신 것을 선포한 것이다.

우주란 뜻은 '천지사방과 고금왕래 또는 만물을 포용하는 공간을 말하며 천문학에서는 모든 천체를 포함하는 전공간을 말하고 철학에서는 질서 있는 통일체로서의 세계를 말한다'고 사전에 풀이하고 있다. 나는 천체물리학을 공부하다가 우주 탄생에 대하여 새로운 사실을 알았다.

우주의 탄생은 137억 년 전 하나의 커다란 불덩어리가 폭발하면서 우주가 창조된 Big Bang(대폭발)사건(빅뱅우주론-조지가모프-Daum백과사전,http://100. daum.net/ encyclopedia/view)이다. 이 빅뱅사건은 50년 전 만해도 금기시되었던 초신성 문제였지만 지금은 누구도 부인할 수 없는 사실임이 밝혀졌다.

중세시대까지만 해도 지구는 평평하고 네모지며 우주의 중심이다. 지구는 움직이지 않고 제자리를 지키는데 모든 천체들이 지구를 중심으로 돌고 있으며 신이 인간을 선택하고 만들었다고 굳게 믿고 있었다. 그 당시는 모든 만물은 신을 위해 존재한다고 믿었으며 네모반듯한 지구의 끝자락에서 떨어지면 지옥으로 간다고 믿었던 것이다. 그러던 것이 1543년 코페루니쿠스에 의해 지동설이 밝혀졌고 1616년에는 갈릴레오의 태양 중심설이 밝혀졌지만 그 당시 유럽의 국가와 교회에서는 모든 것이 신의 창조이고 섭리라고 주장하며 이들을 모두 신성모독죄로 처벌했다.

1687년 영국의 뉴턴은 만유인력의 법칙을 발견하여 발표했는데 그때에도 모든 만물은 오직 신에 의해서 존재하고 움직인다고 했었다.

우주는 지금도 광속으로 팽창되어가고 있고 천억 개가 넘는 별들은 부단히 창조되고 또한 소멸되어 가고 있다.

우주는 무한한 것이며 스스로 질서에 의하여 존재하는 것이다. 즉 우주는 존재하는 것의 총체적 개념이다.

우주의 신비한 무덤이라고 일컫는 블랙홀은 영혼까지 완전히 삼켜 버리는 지옥 중의 지옥이라고 하여 공포의 대상이었으나 이제는 아인슈타인의 법칙인 우주중력의 파장에 의한 충돌로 인하여 순식간에 일어나는 초신성 용광로임이 밝혀졌다. 이 블랙홀의 존재에 대하여 밝혀진 지는 얼마 되지 않는다. 우주의 기원과 구조 그리고 생성 발전에 대하여 종교적, 형이상학적, 우주과학적으로 살펴보면 우주가 생성된 신비 중의 신비는 지구의 생성과 인간의 탄생이다. 그러나 인간의 탄생은 우주과학적, 종교적, 생물학적으로 추론해 봐도 신에 의해 인간이 탄생되었다는 학설은 어디에서도 증명할 수 없다.

우주론에서 만물의 기원은 만물을 움직이게 하는 원동자(原動子)라 불리며 종교적 측면에서 보는 원동자(아리스토텔레스의 제1원인)는 곧 신(God)을 의미한다. 그러나 종교에서는 신의 기원이나 의미와 관련해 신자들이 의문을 품는 것을 허락하지 않는다.

존재의 본체인 우주는 빛과 생명의 근원이며 본질로서 자연을 의미하지만 신은 아니다.

神(신)이란 우주의 어느 공간에서 역사하는 특별한 존재가 아니라 우주자연의 본질로서 저절로 태어난 자연을 의미하며 그 속성인 생성, 변화 법칙의 원리에 따라 움직이는 것이다.

이러한 우주만물의 본체인 자연을 가지고 동서양의 종교관계자들은 신의 존재로 해석하는 것이다.

유교의 창시자 공자(孔子)는 중용에서 말하길 신은 보려 해도 보이지 않으며 그것을 들으려 해도 들리지 아니하며 만물의 본체가 되어 있어 버릴 수도 없는 것(중용도론7)이라고 했다.

성경 출애굽기에는 하나님이 모세에게 이르시되 '나는 스스로 있는 자(I am who I am)'라고 되어있다.

도교의 창시자 노자(老子)는 도의 중심을 무위자연(無爲自然)에 두고 도(道)란 만물이 이루어지는 까닭이라고 하였다.

자연(nature)의 어원은 스스로 존재하거나 저절로 태어남을 의미하는 것이니 종교에서 말하는 神이란 자연 그 자체를 가르키는 것이 아닌가.

그럼 인간이란 어떤 존재인가?

언어를 사용하고 사고할 줄 알고 사회를 이루고 사는 지구상의 고등동물인 만물의 영장으로서 생각하는 정신의 특성이 있는 실체를 일컫는다. 그러므로 인간의 탄생은 생령(生靈)으로서 창조성을 의미하는 것이다.

그 창조성은 우주의 본질을 나타내는 영(靈)과 그 본체인 원리를 부여받은 성질(天命之謂性)의 세계를 말한다. 시간과 공간의 우주 속에 속해있는 인간은 그 우주의 본질인 속성을 품은 소우주(小宇宙)로서 영성(靈性) 우주이며 만물의 영장인 것이다.

인간은 이렇게 우주본체의 성질을 갖고 태어났기 때문에 인간을 생령(生靈)이라고 하며 인간을 살아있는 신이라고도 한다.

인간은 죽을 수밖에 없는 운명을 직시하면서 삶을 구축해나가기 위해서는 생성되고 창조되는 우주의 실체를 알고 우주의 원리와 속성 그리고 순리를 알아야 본인이 갖고 태어난 기능을 발휘하며 인간으로서 행복하게 살 수 있다. 그러나 막상 죽음과 한계에 봉착하면 이런 실존의 고통과 불안에서 벗어나보고자 신이 있다고 믿고 종교를 찾게 된다.

종교란 神 또는 초인간적인 존재를 우주와 사람의 지배자이며 인도자로 믿고 외경하는 정의에 의거 이원론적 우주관, 구원론, 종말론, 신론 등을 믿으며 이것을 인격화하고 신앙기원 및 예배함으로 일정한 윤리나 철학의 기본으로 삼는 것을 말한다.

종교에서의 구원(salvation)은 구원을 성취하기 위해서 초월적 방법으로 일상적인 사건들의 영역을 넘어서 초자연적인 영원한 것을 추구하는 것이다. 이러한 종교성은 만물의 영장인 인간만이 가지고 있다.

종교성(religiosity)이란 초월의 경험과 밀접한 관계가 있다. 즉 초월적 경험 자체가 하나의 종교성이라는 말이다.

불교에서의 구원은 명상을 통한 자기부재(무아의 경지)의 상태를 말하며, 유교는 인간의 도덕규범을 최고로 강조하며 초월의 과정으로 선행을 강조한다.

도교에서는 삶의 궁극적 목표를 무위자연(無爲自然)에 두고 있으며, 이슬람교는 금욕적 훈련을 강조하며 신정일체로 사생활을 규제하는 원리를 강조한다.

기독교에서는 초월의 기본적 태도는 하나님에 대한 신앙과 복종 그리고 이웃에 대한 사랑을 강조하며 하나님(그리스도)에 의한 구원을 주장한다.

초월의 의미는 모든 종교에서 이원론적 세계관에 기초하고 있다는 점이다.

동양의 우주관과 서양의 우주관은 신의식의 가능성에 대하여 이성과 계시의 영역의 연속성과 불연속성을 알고 있지만 같은 구원이라는 문제에 대하여 접근 방식이 전혀 다르다.

온갖 만물이 조화롭게 생성되고 유지되는 것은 특정한 신이 있어서가 아니라 우주만물 자체가 생성변화의 법칙에 따라 스스로 탄생되고 소멸되는 순환원리에 따른 것이다.

각 종교에서는 구원을 위한 유일한 신이 자신들의 종교에만 존재한다고 주장하기 때문에 다른 종파는 절대 인정하지 않는다. 그래서 현대국가에서의 전쟁은 거의 종파나 민족 간의 갈등과 자존심 때문에 야기되고 있다.

오랜 관습에 의해 종교는 사람들에게 굳건한 신념이 과학적 증거나 이성보다 더 확신을 주기도 한다. 종교는 그 의식의 통로가 이성이 아닌 믿음이라는 데에 그 특성이 있다. 종교에서의 믿음은 주관적인 것으로 인간이 그 종교에서 내세우는

신을 믿고 의지하는 것을 말한다.

종교에서는 눈에 보이지 않는 것을 믿기에 신앙(faith)이라고 한다. 인간은 눈에는 보이지 않지만 나를 보호해줄 수 있는 그 어떤 절대적인 절대자(神, 하나님)에게 의지하고 싶어 하는 경향이 있다.

이것이 상상력이다. 그 상상력은 현실을 풍성하게 만들고 사후세계에 대한 상상으로 우리가 사후에도 영혼이 실재한다고 믿고 싶어 한다. 그동안 많은 사람들은 실제로 신앙에 의해 내면의 평화를 얻고 있기 때문에 믿음에 의해 정신적이고 감정적인 문제를 전적으로 해결하려는 경향이 있다.

인간이 종교를 발달시킨 까닭은 천재지변과 질병, 공포, 고통, 죽음에서 인간으로서 해결할 수 없는 영역에 직면할 때 영원히 의존하고 구원해줄 수 있는 그 어떤 절대적인 신(神)의 존재가 필요했던 것이다. 그래서 마음에 안정을 찾고 의지할 수 있는 곳을 찾은 것이 바로 종교인 것이다. 인간은 우주 본체의 성질을 가지고 태어났기 때문에 우주만물의 생성변화의 법칙에 따라 생명체로서 생로병사(生老病死) 소멸의 질서에 따라 한 번 밖에 살 수 없는 유한한 존재이므로 육체가 죽으면 영혼도 흩어져 버리는 것이다. 즉 인간은 육체의 사망과 더불어 그 영혼도 소멸되는 것은 정해진 이치다.

사후에 영혼이라도 영원히 살 수 있는 천국이 있다면 왜? 죽음을 두려워하겠는가?

인간의 영혼이 영원히 죽지 않는다는 것은 오직 전설과 신화인 것이다. 신화는 미궁과 같아서 한번 빠져들면 빠져나오기가 쉽지 않다.

인간이 살아생전 의로운 일을 하고 많은 사람에게 은덕을 베풀면 그 육체는 죽어 소멸할지라도 그 숭고한 정신은 이 땅에 남아 다음세대에게 전수되어 그 뜻을 영원히 그리게 함을 알 수 있다. 이것은 오랜 인류역사가 증명하는 것이다.

천당과 지옥은 사람이 죽은 후에 가는 것이 아니라 사람이 이 땅에 살면서 착하고 옳은 일을 하면 본인이 씨를 뿌린 대로 거두는 것이다.

노력하면 경제적인 풍요도 얻고 달나라와 별나라도 갈 수 있지만 생명만은 마음대로 연장할 수가 없다. 현대사회가 첨단 과학이 발달하고 의학이 발달했지만 지구의 73억 인구 중 현재 120세 이상을 살고 있는 사람은 어디에도 없다. 질병이나 상해나 기운이 진하면 그 수명이 다하여 죽기 마련이다. 의학이 발달하지 않고 무지했던 옛날에는 오죽했겠는가.

인간은 죽음에 대하여 너무나 허무한 것을 알기에 죽음에 대한 공포에서 벗어나고자 사람이 육체는 죽지만 영혼은 죽은 뒤 생전에 행한 권선징악에 따라 천당과 지옥으로 간다고 믿고 싶어 한다.

그러나 인간은 생령인 소우주로 이 땅에 생존해있을 때 그 존재로서 우주만물의 기(氣)와 연합하여 창조적인 생성작용이 가능한 것이지 죽으면 모든 것이 끝나는 유한한 존재다.

인간은 살아있을 때 영성, 주관성, 의미성을 가지며 유한한 삶을 제대로 인식할 때 삶의 확고한 목표를 지니고 살아갈 수 있다.

그러나 삶 가운데 우리의 힘으로 도저히 풀 수 없는 상황에 이르면 초월적 경험을 통하여 하나님(신)과 연합하는 방법으로 기도를 선택한다. 기도는 인간이 신불에 대하여 자기의 소망이 이루어지도록 간청하는 것을 말한다.

기(氣)를 모아 간절히 기도하면 나도 모르는 사이에 생체 에너지가 발생하여 마음 속 깊은 곳에서 큰 힘이 생기는데 이것은 살아있는 인간에게 생성 에너지가 함축되어 있기 때문이다. 이것은 마음과 뜻과 정성을 다하고 집중하면 시너지 효과가 나타나 기도의 기적이라고 할 수 있는 높은 차원의 자신을 재생산할 수 있도록 활력소를 낳는다. 종교인은 때때로 기도로 인하여 마음의 평안과 기쁨을 얻고 의지와 신념이 강해져 신앙심으로 기적적인 사건을 만들 때도 있다.

기도에 대한 이해는 인간 본질에 대한 배려다.

인간은 오랜 세월 우주의 원리와 경험적 체험에 의하여 만물의 영장으로 살아왔다. 이성과 감성 사이에서 생기는 동정심과 애정 등 그런 감정들은 주관적인 감성의 영역이다. 위기에 처하거나 급박할 때 이성적인 판단보다는 무의식적으로 감성적인 우월성이 강하게 나타낼 때가 있다.

이때 생각 밖의 좋은 결과를 가져오는 신비한 상황을 체험한다. 그렇다고 이런 현상들을 옳지 못하다든가 또는 불필요하다고 말할 수는 없다.

종교에 神(하나님)이 있느냐? 없느냐? 하는 것보다 중요한 것은 종교가 인간의 삶에 얼마나 중요한 영향을 끼치는가 하는 것이다. 종교는 궁극적으로 초월적 존재와의 만남을 통해 삶의 태도를 바꾸는 것으로 신뢰감과 삶의 의미와 규범을 얻고 영적인 인간 가족을 만들어 나가도록 하는데 그 목적이 있다 하겠지만 그렇다고 인간 존엄의 도덕규범을 넘어설 수는 없다.

인간은 혼자 살 수 없기 때문에 자신이 의존해줄 큰 능력을 신에게 부여하고 좀 더 도덕적인 인간상을 원해서 바른 길로 인도해주기를 원하는 것이 아닌가 한다. 인간은 사회적인 존재이기 때문에 관계 속에서 어딘가에 속하여 소속감을 갖고 함께 생활하고 참여하므로 존재감을 인정받고 공유하고 싶어 한다. 종교성은 보통사람으로 성취할 수 없는 삶의 상황을 믿음이나 신뢰감에 기초하여 안정감을 주어 구원론에 이르게 하며 인간관계에 대한 정의와 평화를 위해 사회질서를 확립하는데 이바지한 공이 크다.

우주본체의 속성을 가지고 태어난 인간은 우주본체의 성질에 따라 창조되었다.(天命之謂性 『중용』 「天과 人」) 그렇기 때문에 인간은 세속적이면서도 우주질서에 순응하고자 그 성질에 따르는 것을 도리라고 한다.(率性之謂道 『중용』 『天과 人』) 우주자연의 성질을 받고 태어나서 그 순리를 받들어 나가는 것은 타당한 도리이며 운명이다. 인간에게 부여된 이 운명의 천리를 인간이 스스로 어기면 생성순환작용을 할 수 없기 때문에 인간이 인간답게 살아가기 위해서는 도리를 수행하며 그 배운 바를 타인에게 가르치는 것이다.(修道之謂教 『중용』 「天과 人」) 이와 같이 우주자연의 원리를 올바로 알고 나갈 때 인간이 만물의 영장으로 살아낼 수 있다. 인간은 소우주(小宇宙)로서 우주 본체의 속성을 가지고 태어났기 때문에 주인으로서 종교성을 유지하고 발휘하는 것이 어쩜 인간 자신에게 희망과 행복이다. 그러므로 천국은 바로 생령이 살아가는 이 땅이다. 우리는 신앙이라는 경험을 통해 이 땅에서 인류 발전에 공헌하며 이 땅을 지키고 이웃사랑을 실천하므로 삶의 보람을 느끼며 행복하게 살아갈 수 있다.

(2016)

그리움

찬바람이 불고 가을이 깊어가고 있다. 오랜만에 우이동을 찾았다.

버스에서 내려 옷깃을 여미고 산길을 걸었다. 오후의 산길은 고요하고 바람소리만 간간이 들린다. 친구와 걷던 길, 세월은 흘러도 그리움은 남는다. 새삼 가버린 친구가 보고 싶다.

그 친구는 동갑내기로 초등학교와 대학교 동창이다. 6·25 사변 통에 내 고향 송산으로 피난 와서 우리 반에서 함께 친하게 지내다 서울이 수복되어 떠났었다. 그 후 대학교에 입학하여 다시 만났다.

우리는 대학교 시절 가끔 이곳에서 산책하며 서로의 희망을 주고받곤 했었다. 내가 데모 주동 후 대학교를 38년 만에 복학하도록 용기를 주었고 자주 시간을 내주었다. 친구는 나이

50대에 신장암에 걸려 수술을 받고 오랜 기간 투병 끝에 8년 전 마지막 길을 떠났다.

자상한 남편과 튼실한 자식을 둔 좋은 가정에서 유복했지만 나와는 유독 친했다. 그런 친구이기에 아직도 내게 그리움으로 남아 있다.

바람을 타고 낙엽이 하나, 둘 내려앉는다. 뒹구는 낙엽을 주워 자세히 살펴보니 아름답고 멋있게 보이던 갈색의 잎에는 얼룩덜룩한 반점이 무수히 박혀있다.

낙엽을 보면서 내 생애도 이렇게 얼룩져 있지나 않은지 뒤돌아본다. 인간의 삶도 낙엽처럼 잠깐 머물다 떠나는 존재다.

떠난다는 말은 누구에게나 민감하게 느껴질 것이다. 회자정리라고 만나면 떠나는 것이 인지상정일망정 매번 마음이 아프다.

세월은 흘러도 친구는 언제나 그리움으로 남는다. 나이가 비록 상수(上壽)가 되더라도 고향이 그립고 부모님이 그립고 형제자매가 그립고 친구가 그리운 것은 인연의 끈으로 묶였기 때문이다.

가을은 사색의 계절이다. 그래서 많은 것을 생각나게 하는 계절인 것 같다. 사람들은 자기가 베푼 일은 잘 기억하지만, 받은 것은 쉽게 잊어버린다. 나도 마찬가지다. 지금까지 내가 받은 그 많은 도움과 사랑은 다 잊고 혼자 잘난 척하기에 급급했다. 참으로 부끄러운 일이다. 그렇다면 남은 생애는 어떻게 살아갈 것인가? 받은 도움과 사랑을 하나씩 갚으며 나가야지….

죽으면 모든 것이 끝이다. 내가 고쳐볼 기회조차도 영영 빼앗기는 것이다. 지금 이 순간이 얼마나 귀하고 경이로운 시간인지 이제야 조금 알 것 같다.

자잘한 기쁨이 모이면 그것이 보람이고 행복이다. 지금은 아이들도 모두 가정을 이루었으니 내 곁에 있어줄 사람은 아무도 없다.

찬바람이 쏴아 분다. 저무는 길을 바라보는 때인데도 자연보다 옆에서 담소하며 깔깔 웃는 멋진 친구가 그립다. 서로 마음문을 활짝 열어놓고 흉금을 털어놓을 수 있는 막역한 친구와 한 달에 한두 번씩 어울려 담소도 나누고 수다도 떨면 그동안 쌓였던 체증도 풀려서 좋다.

나는 성격이 활달하고 긍정적이지만 속정 깊은 친구는 그리 많지 않다. 우정은 하루아침에 생기는 것이 아니라 오랜 시간 여러 가지 일을 함께 겪으면서 쌓인다. 친한 친구란 정이 들고 의리가 생겨 서로 믿는 사이가 되는 것이다.

며칠 전에는 오랫동안 소통하며 지내던 친구가 대장암으로 수술을 받고 병상에 있다는 소식을 들었다. 슬쩍 겁이 나기도 하고 고적해지기도 한다.

인생의 고갯마루에 서서 주위의 친구들을 하나하나 바라본다. 해가 서산을 넘기 전 바쁘게 내 곁을 떠나는 친구가 또 있을까 두렵다.

내가 이처럼 고독을 느끼는 것은 계절과도 관계가 있을 성싶다.

여기저기 흩어져있는 낙엽을 밟으며 찻집에 들러 따뜻한 차 한 잔을 마시기로 한다. 찻잔 속에 그리움이 쌓여만 간다.

(2017. 11)

설날에

설날은 오래전부터 우리 선조들이 지켜온 풍속이다. 전통을 지키는 집안의 며느리에게는 1년 중 가장 바쁜 날이기도 하다.

아침 일찍 조상에 대한 차례를 지내고 시부모님께 세배하며 참석한 일가친척에게 떡국과 푸짐한 상을 차린다. 설날을 맞이하기 위해 밤새도록 음식을 장만해야 한다. 떡국을 준비하기 위한 사골국을 끓이고 갖가지 전을 부치고 산적을 만들고 생선을 굽거나 찐다. 거기에 갖가지 나물을 준비하고 수정과를 만들고 각종 과일도 준비한다.

그믐날부터 온 집안이 북적인다. 장가 간 아들이 며느리와 함께 손자를 앞세우고 설을 쇠러온다.

그러면 세찬 준비도 해야 된다. 남성들은 대부분 모여 화투를 치며 즐기지만 여성들은 일에 휘둘려 팔과 어깨와 허리가 아프다. 아프다는 말도 못하고 몸을 파스로 무장시키고 음식을 해내느라 눈코 뜰 새가 없다.

설이란 음력 새해의 첫날을 일컫는 말이며 설의 어원은 익숙하지 않은 새해 첫날이라는 뜻으로 '설다'가 어원이란 주장과 새로 '시작하다' 새롭다는 의미의 '선날'이 변했다고도 하며 새해 첫날을 신중하게 보내자는 신일(愼日)이라고도 한다. 설날은 신라 때부터 시작해서 고려를 거쳐 조선조에 대명절로 안착되었다. 이제는 사회 환경에 따라 설날의 풍속도 많이 달라졌다.

우리 집은 대가족이다. 모두 모이면 20명이나 된다. 시부모님이 돌아가시기 전까지 시어머님 친정식구까지 합치면 30명이 넘었다. 친척들이 한꺼번에 밀려올 때는 참으로 힘들었다.

나는 밤새 일을 하고 나면 몸이 퉁퉁 붓는다. 일을 하지 않다가 해서 그렇다. 시부모님이 작고하시고 몇 년 지나서부터 큰아들네서 큰며느리가 준비하느라 고생한다.

작년에는 아들 내외가 미국으로 출장을 가느라 약식으로 지냈다. 설상을 차려놓고 잠깐 기도하고 떡국 먹고 세배를 받는 것으로 끝냈다.

올해는 작은아들이 미국에 주재원으로 식구들을 데리고 갔기에 오는 설날엔 더 단초로워질 것 같다. 산업사회의 변화와 함께 세시 풍속이 빠르게 바뀌니까 한참 어리둥절했다.

설날 음식은 거의 고열량이기 때문에 적게 먹어야 한다. 설날에 음식을 조금 먹으면 복이 없다고 해서 많이 먹게 된다. 그것은 농경문화의 잔재이기 때문에 시대에 맞게 변해야 한다. 이제는 설날음식도 몇 가지만 조촐히 준비하면 좋을 것 같다. 우리 집부터 바꿔야지 며느리 잡는 날이 되면 안 된다. 농경문화는 가부장 위주의 문화이기 때문에 남성우월주의로 여성의 자리가 없었다. 그래서 며느리가 혹사당하면서도 아얏 소리 한마디도 못하고 지냈다.

가족이란 부부가 함께 더불어 즐겁게 살아가는 것이다. 명절에 큰아들이 전도 부치고 청소도 하는 걸 보면 보기에 좋다. 그럴 때 며느리는 내 눈치를 보며 말한다.

"아범이 전 부치고 청소해도 어머님은 괜찮으세요?"

"당연히 해야지 뭐 어때서? 네가 혼자 다 할 수도 없지 않니. 난 집안에서 남자도 할 수 있는 일은 스스로 하기를 권장하는 사람이여."

싱끗 웃는 며느리가 보기 좋다.

때가 되면 자신들의 도리를 충실히 이행하고 있는 큰아들 내외가 고맙다. 집안에서는 노소를 막론하고 누구나 생활인으로 자기의 몫은 스스로 해야 가정이 화목하다.

현대사회가 개인주의로 판을 쳐도 설날 풍속이 있으니까 떨어져 살던 형제자매가 한자리에 모여 대화도 나누고 우애의 시간도 갖는다. 설날은 감사와 사랑을 담고 있기 때문에 지속되어야 할 미풍양속이다. (2017)

되돌아가는 길

삶은 평생의 숙제다. 산다는 것은 주어진 숙제를 매일 풀어가는 과정이다.

몇 십 년 다니던 직장은 정년이 되면 퇴직을 한다. 그러나 인생은 사는 날까지 영원한 현역이다. 의학의 발달로 현재 우리나라는 고령화사회이며 남녀평균 수명이 80세가 넘는다. 이제는 70세를 고희(古稀)라고 하기엔 무색할 정도다.

항간에 '육청(六靑) 칠장(七壯) 팔노(八老)'라는 말이 있는데 육십은 청춘이고 칠십은 장년이며 팔십이 되어야 노인이라는 뜻이다. 나이는 세월을 이길 수 없다고 해도 요즈음 같은 장수시대에는 퇴직을 하고도 30년이란 긴 세월을 지내야한다.

그동안 40년 이상 부모봉양하고 자녀부양 하느라 고생을 했으니 70부터는 자유롭게 나만의 시간을 갖고 여유롭게 지내는 것도 좋다.

우리는 그동안 직장에서 일을 하면서 많은 경험을 쌓고 자신의 인격을 연마하고 자아실현을 통해 성취감과 행복감을 맛보았기 때문에 타인과 유대관계 속에서 자신의 존재감을 유지하는 방법을 나름대로 터득했다. 이제 늙은이가 아니라 어른으로서 스스로 품위를 지키며 평생 배우며 살아나가야 한다. 옛날 젊은 날이나 회상하고 추억에서 벗어나지 못하거나 '나잇값'이라는 굴레에 얽매여 있으면 설자리조차 없는 무용지물이 되기 쉽다.

노인이라는 이유만으로 할 수 있는 일도 한정되어있고 육체적, 정신적으로 약해졌으니 두려운 것도 사실이다. 그렇다고 너무 초조하거나 스트레스를 받기보다 느긋한 마음을 갖고 그동안 하고 싶었던 일이라든가 취미생활을 하는 것도 좋겠다.

이때까지 하지 못했던 취미생활을 하나씩 살려나가면 새로운 성취감과 보람을 느껴 기쁨과 즐거움을 맛볼 수 있다. 나이가 들어도 목표가 있으면 열정이 생긴다. 일을 시작할 때 어느 분야든 자기 능력 안에서 차근차근 천천히 해야 된다. 처음에는 익숙지 않아 서먹서먹하고 불편하겠지만 할 수 있다는 자신감을 가지면 재미가 생기고 통찰력도 생긴다. 창조는 모방에서 나오기 때문에 그 분야에 대한 교육과 훈련을 받고 시행착오를 거쳐야 좋은 창작물이 나올 수 있다. 직접 생산을 위한 활동이 아니기 때문에 심한 경쟁자들이 없어 스트레스를 받지 않고 성향이 비슷한 사람끼리 만났으니 대화도 쉽게 통하고 때로는 좋은 결과를 얻을 수 있다.

하고 싶은 일을 하고, 보고 싶은 것보고, 먹고 싶은 것 먹으면서 취미생활을 하며 노후를 여유롭게 보내는 것이다. 그동안 경험했던 생활의 지혜와 지식을 바탕으로 잠자는 영혼을 깨워 제2의 삶을 위한 문을 다시 열어야 행복지수를 높일 수 있다.

나는 현재 76세다. 나만의 자유로운 시간을 갖고 글도 쓰고 독서도 하며 때때로 여행도 한다. 늦깎이로 문단에 데뷔하여 글쓰기에 바쁘다. 내년에는 반듯한 수필집 한 권을 출판하려고 한다. 해외여행을 1년에 두 번 정도 나가지만 주마간산식의 여행보다는 한 나라나 두 나라 정도를 간다. 여행은 자신을 재발견하게 만든다.

나는 70이 넘어서 취미생활을 시작했지만 이때가 적기라고 용기를 냈었다. 처음에는 망설여지고 어려웠지만 지금은 즐겁고 감사하다.

눈썰매를 타며

아침에 일어나니 온천지가 은백의 하이얀 융단을 깔아 놓은 듯하다.

밤새도록 눈이 이렇게 왔는데도 세상 모르게 깊은 잠을 잤다. 요즈음 이렇게 푹 자보기는 처음이다. 새벽녘이라도 눈 오는 풍광을 봤어야 했는데 아쉽기만 하다.

오늘 같은 날은 눈밭을 마음껏 걷고 싶다. 그러나 이 근처에는 마땅한 장소가 없다. 눈썰매도 타고 싶은데 생각뿐이다. 그때 막내딸에게서 전화가 왔다.

"엄마, 눈썰매 타러 같이 갈래?"

"그래, 어디로 가는데?"

"횡성, 전에 갔던 곳. 그럼, 준비해. 30분 후에 떠날 수 있도록."

나는 설레는 마음으로 떠날 준비를 단단히 했다.

막내딸과 함께 횡성군 둔내면에 자리 잡은 리조트에 2시간 만에 도착했다. 몇 년 전에도 와서 즐기던 추억이 담긴 곳이다.

술이봉 꼭대기까지 온통 새하얀 눈꽃나라다. 파란 하늘 아래 감히 범접하기 어려운 은백색의 천지다.

언제 또 이런 비경을 맛볼 수 있을까. 이 일대는 적설일수가 많고 적설기간이 길어 겨울 내내 스키를 즐길 수 있다고 한다.

상급자 코스에서는 스키어들이 신나게 질주하고 있다.

짐을 리조트 방에 풀어놓고 스키장으로 나갔다. 나는 생전 스키를 타본 적이 없다. 내가 즐기는 것은 눈썰매다. 눈썰매를 타기 위해 기다리는 줄이 길다. 내 번호까지 기다리자면 족히 한 시간은 넘을 것 같다.

나는 곤돌라를 타지 않고 1㎞를 걸어서 올라갔다. 걸어오르는 사람이 나 이외에는 아무도 없다. 기분이 좋아서 조금도 숨이 차지 않는다. 눈 위를 사박사박 걸으니 천상에 들어가는 느낌이다.

칠순이 가까워 오는데도 이곳까지 오를 수 있다는 자신감에 새로운 기운이 모아지고 몸이 나를 듯 가볍다.

이런 소소하고 멋진 삶을 즐길 수 있는 것은 작은딸의 배려가 크다. 엄마의 일이라면 눈살을 찌푸리지 않고 기꺼이 응해준다. 쉽지 않은 일이다.

드디어 내 차례가 왔다. 눈썰매를 들고 차례에 따라 앉았다. 다리를 약간 벌린 뒤 양손으로 끈을 잡았다. 조정이 아주 잘 된다. 전에 타던 솜씨가 발휘되는 순간이다. 스릴 만점이다. 이 경쾌함은 그 어떤 것과도 비교할 수 없다.

어릴 적 눈 오는 겨울 언덕배기에서 삼태기를 가지고 썰매 타던 때가 선하다.

시골 빙판은 곳곳이 위험해서 조심한다고 해도 미끄러지기 일쑤였다. 계집애가 사내아이같이 논다고 엄마한테 꾸중을 들으면서도 남동생들과 신나게 썰매를 타곤 했다.

그 실력을 발휘하여 열다섯 번 이상을 탔다. 꼬마들은 할머니가 잘 탄다고 박수를 보내고 응원도 해준다. 노인들은 "괜찮냐?"며 부러운 눈치다. 딸이 어느새 내 옆으로 왔다. 그렇게 많이 타면 내일 아침 일어나지도 못한다며 이제 그만하라고 걱정해준다. 과유불급(過猶不及)이라고, 맞는 말이다.

스키장에서는 생각보다 골절사고가 많은데 늙은이가 사고라도 나면 자녀들에게 부담을 주고 자신에게도 좋은 일이 아니다.

내 나이가 내년이면 70이다. 70이면 노인이다.

국제노년학회는 '노인이란 인간의 노령화 과정에서 나타나는 생리적, 심리적, 환경적 변화와 행동의 변화가 상호작용하는 과정에 있는 사람'으로 정의하고 있다. 바꾸어 말하면 노인은 나이가 많고 몸이 유연하지 못하고 나잇값에 얽매여서 감각이 경직된 사람을 말한다. 인정하고 싶지 않지만 인정해야 되는 것이 현실이다.

저녁때가 되니 몸이 노곤하고 피로가 온다. 한잠 푹 잤다. 자고나니 기분이 좋다. 그러나 움직이기가 싫어서 저녁밥 대신 라면을 끓여먹었다. 평소에는 라면에 눈길도 보내지 않았는데 이곳에서 먹는 맛은 색다르다.

내년에도 눈썰매를 탈 수 있을는지 알 수 없지만 오랜 기억으로 남을 것 같다.

썰매를 타며 멋지게 사는 스스로에게 박수를 보낸다.

(2010)

봄날에

보슬 보슬 비가 온다. 잠시 망설이다가 집을 나섰다. 서울대공원내 청계산 입구에 도착하니 입구에서부터 노오란 개나리가 활짝 피어 환한 웃음으로 맞아준다.

비를 맞은 개나리는 수줍은 듯 약간 고개를 숙이고 있다.

오늘은 청계산에 올라가지 않고 서울대공원 뒷산을 한 바퀴 돌기로 한다.

산에는 벌써 진달래가 꽃망울을 머금고 겨우내 숨죽이고 잠자던 나무들이 기지개를 펴느라 분주하다.

비가 소리 없이 내린다. 유독 봄비만은 소리가 없다. 메마르고 파삭한 가슴에 따스한 빗줄기가 젖줄처럼 몸을 타고 들어오니 메말랐던 가지가 말끔히 새싹을 돋운다. 봄비는 대지와 초목을 다 적셔 놓고 내 마음도 촉촉이 적시며 새 기운을 불어넣어 준다.

내려오는 길에 식물원에 들렀더니 활짝 핀 철쭉이 환영의 인사를 한다. 향긋한 꽃냄새가 온실 안에 가득하다. 이곳저곳에서 풍기는 춘란의 향기는 그윽하면서도 은은하다. 춘란의 선은 뻗침이 완만하면서도 확고한 신념과 의지가 보여 그 기품이 신사다움을 보인다. 생명이 생동하는 봄날에 비를 맞으니 인생의 겨울에서 다시 태어나는 것 같다.

어느덧 비가 그치고 하늘이 맑아졌다. 꽃들이 찬란한 햇빛을 받으며 저마다 단장하기에 바쁘다. 산수유, 진달래가 환하게 피어나 해맑은 웃음을 웃고 벚꽃은 화사한 봄날을 위한 봉우리를 터트리느라 분주하다.

비를 맞은 나무들은 마른가지에서 물이 올라 연초록 새순이 돋아나고 꽃만큼 예쁜 나뭇잎들이 햇살에 반짝인다. 겨우내 얼어붙었던 단단한 흙과 껍질을 뚫고 강한 생명력으로 예쁜 꽃동산을 이루니 온천지가 찬양을 한다.

봄이다! 봄날이다. 봄꽃이 이토록 가슴을 설레게 하는 것은 놀랍고도 신비스러운 생명이 약동하기 때문이다. 눈부시게 환한 햇살에 봄비를 맞은 개나리가 더욱 샛노랗다.

나이가 들수록 지난날을 되돌아보는 것이 일상이 된다. 활짝 핀 꽃을 보니 아련한 추억이 떠올랐다.

초등학교 시절 학교에서 돌아오는 길에 바라보니 밭 둔덕에 살구꽃이 눈부시게 피어 바람에 살랑이고 우리 집은 마치 꽃대궐 같았다. 그 아름다운 풍경은 평생 잊을 수가 없다. 또래 친구들과 함께 뛰놀던 들판과 초록 바다를 이루며 바람에 출렁이던 보리 냄새도 코끝을 파고든다.

작은 꽃들이 피어나고 연초록 잎사귀가 바람에 하늘거리는데 어디서 날아 왔는지 노랑나비 한 마리가 추억 속의 나를 이끈다.

벌써 대공원에는 많은 사람들이 산책을 하며 봄을 마중하고 있다. 이곳저곳에 꽃이 피니 분명한 봄이로구나 싶다.

이 찬란한 봄날 대자연과 함께 호흡하며 즐기는 것은 살아 있는 자의 기쁨이다.

(2015. 4)

가족나들이

잠을 설치다 새벽녘에야 풋잠을 잤다. 왠지 모르게 설렌다.

오늘은 온 식구가 함께 나들이를 하는 날이다. 날씨가 맑고 화창하다.

나에겐 아들 둘, 딸 셋이 있다. 거기에 5남매의 가족을 합하면 19명의 대가족이다. 온 가족이 한 자리에 모이기란 좀처럼 쉽지 않다.

며칠 전 미국에 살고 있는 둘째딸이 가족과 함께 한국에 왔다. 체류기간이 10일인데 모두가 함께할 시간은 이번 토요일과 일요일뿐이다. 토요일 날 북한강 상류 청평호수 위에 떠있는 남이섬에 가기로 했다.

교통수단은 각자의 자가용으로 출발해서 남이섬 도선장 주차장에서 10시 30분에 만나기로 정했다. 둘째딸네 식구는 큰

아들 차를 타기로 하고 나는 막내딸의 차를 타고 갔다. 가족이 한 자리에 모이는 것이 13년 만이다. 둘째딸이 미국에서 결혼식을 올리고 왔을 때 대천 한화콘도에서 숙박을 하며 편을 짜서 눈싸움도 하고 윷놀이도 했었다. 노래방에서 신나게 노래를 부르며 가족의 사랑을 나누었는데 이번엔 모두가 바쁜 일상관계로 시간을 낼 수 없어 오늘 야유회로 결정한 것이다.

둘째딸은 이제 두 아들의 엄마이다. 동경대에서 박사학위를 받고 미국 버클리대학교 연구교수로 재직하다 지난봄 회계사가 되었다. 5남매가 모두 사회의 중견인으로 자리매김하여 든든하다. 큰딸은 디자이너로 의류사업을 하고 큰아들은 대기업의 사장이고 둘째딸은 회계사이고 셋째 딸은 어린이집 원장이며 대학교 외래교수이고 막내아들은 대기업의 부장이다. 10시가 조금 지나니 어른 9명, 아이들이 3명으로 든든한 가족 울타리가 형성되었다.

남이섬은 물놀이와 잔디 위에서 휴식을 취하며 놀 수 있는 시설을 갖추고 있어 가족나들이하기에 좋은 장소다. 하늘까지 뻗어 오르는 메타세쿼이아가 양쪽으로 늘어서 있는 길을 따라 걸었다. 이 섬은 남이 장군묘가 자리하고 있어 남이섬이라 부르기 시작했다. 둘째딸의 작은아들이 어찌 개구쟁이인지 어디로 튈지 몰라 눈을 뗄 수 없다. 무엇이 궁금한지 연신 질문공세다. 이곳은 산과 물이 잘 어우러진 호수 한가운데 자리하고 있어서 강바람이 불면 무척 시원하다. 푸른 숲 한 쪽으로 길게 펼쳐진 찬란한 꽃밭의 하얀, 분홍, 빨간 꽃들이 바람이 불 때마다 한들거리며 춤을 추고 있다. 그중에서도 산나리꽃은 그 모습이 너무 아름다워 노랑나비 흰나비가 서로 앉으려고 힘겨루기를 하고 있다. 나비들은 꽃 주위를 빙빙 돌면서 떠날 줄을 모른다. 개구쟁이는 한시도 가만히 있지 못하더니 나비를 보고 신이 나서 마구 뛰어간다. 나비가 멀리 날아가 버리자 다시 돌아온다. 푸르름이 짙게 드리워진 숲속에서 상큼한 향기를 내뿜는 아까시가 마침내 발걸음을 잡는다. 잔디 위에 돗자리를 펴고 식구 모두가 둘러 앉아 준비해온 음식물을 꺼냈다.

김밥의 모양이 각각이다. 둥근 것, 삼각형, 사각형인데 쇠고기와 야채와 참치로 속을 채워 그림같이 아름답다. 한 쪽에는 쇠고기 불고기, 소시지 볶음, 오이소박이도 일품이다.

과일은 바나나, 자두, 오렌지, 키위이고 거기에 통닭에다 맥주까지 아주 푸짐하다.

야유회 준비를 제대로 해온 큰며느리의 작은 희생과 준비성에 고마움을 전한다.

가족 나들이는 서로 마음을 열고 이야기를 하며 즐기면서 우의를 다지는데 의미가 있다고 하면 이번 야유회는 성과가 만점이다. 다들 자리를 잡고 신나게 먹으며 이야기꽃을 피우는데 개구쟁이 녀석이 음료수를 엎질러 산통을 깼다. 본인도 미안한지 눈을 내리깔고 말이 없다. '괜찮다'고 했더니 겸연쩍게 웃는다. 웃는 모습이 귀엽다. 여름은 한 해 동안 가장 왕성한 계절이다. 손자들도 이곳에서 추억 속에 알찬 소망을 준비했으면 한다.

본래 이곳은 모래땅 땅콩밭이었는데 50년 전 수천 그루 나무들이 심겨져 오늘의 우리에게로 돌아온 것이다.

두 손자들은 미국인이라 한국말을 전혀 할 줄 모른다. 다행히도 막내아들이 영어가 유창하여 그 애들에게 설명도 하고 재미있게 놀아주니 기분이 매우 좋은가 보다.

손자들은 삼촌과 함께 바이크 타기를 즐겨하더니 피곤한지 잠이 오는 모양이다. 종일 서로 보듬기도 하고 뜀박질도 했으니 오죽하랴.

해가 노을을 남기며 서산을 넘으려하기에 우리도 상수리나무와 잣나무 군락지를 지나 돌아가는 길로 나섰다.

개구쟁이 손자녀석과 꼭 잡은 손, 손끝으로 전해지는 정겨움과 따뜻한 사랑, 이역만리에 떨어져 살던 조손이 함께하므로 느끼는 감흥이 오롯이 내 것으로 안긴다.

이것이 바로 천륜으로 이어진 가족이고 사람 사는 맛임을 느끼니 한없이 흐뭇하다.

둘째딸네는 3일 후면 돌아간다. 정을 쌓고 다시 만날 수 있는 이별은 서운하지만 슬픔이 아니다.

오늘의 가족나들이는 어떤 일보다도 더 값지고 아름답다.

(2016)

머무는 자리

휭 하고 바람이 불 때마다 가로수의 낙엽이 어지럽게 흩날린다.

길을 건너 배봉산공원에 올랐다. 둘레길을 걷다가 의자에 나보다 먼저 자리한 낙엽을 한쪽으로 쓸고 걸터앉았다.

가을은 벌써 이 낙엽처럼 소리 없이 와 있다. 서산에 넘어가는 햇살을 받으며 가을의 길목에 오니 왠지 쓸쓸하다. 머리 위로 사르르 떨어지는 나뭇잎 소리에 눈물이 핑 돈다. 이제는 세월에 초연한 줄 알았는데 아직도 만추의 향기에 서글퍼짐은 어인 일인지….

나이는 숫자에 불과하다지만 고희가 지나니 몸과 맘이 약해지는 것은 피할 수 없나 보다. 움츠렸던 고개를 들어 주위를 둘러봤다. 산책하는 사람들이 대부분이고 기구에 매달려 열심히 운동하는 사람도 많다. 모두 오는 가을을 막아보려고 안간힘을 쓰는 것 같아 씁쓸하다.

이곳은 200년 전 사도세자가 수원 화성으로 떠나기 전 잠시 머물렀던 묘지가 있던 곳이다. 이 산의 봉우리를 보면 누구나 절을 하라고 그 당시 '배봉산'이란 이름을 붙였다고 한다.

봄이면 벚꽃과 이팝나무꽃이 만발하고 상큼한 초여름엔 아까시꽃의 짙은 향기가 온 동네를 뒤덮고 가을에는 고운 단풍으로 아름다움을 장식하는 곳인데 어느덧 낙엽이 뒹굴고 있다. 여름이 떠나고 가을이 왔으니 머지않아 겨울이 온다는 예고이다.

낙엽이 쌓인 길을 걷다보니 어느새 내 인생도 가을을 지나 초겨울로 접어드는 것을 알았다.

겨울로 접어드는 남은 인생, 모든 것을 잘 정리하고 떠나는 것이다. 그동안 아름다운 삶이었다고 스스로 답하기 위해 남은 생애 더욱 최선을 다하자고 다짐해본다.

사람은 누구나 빛과 그림자의 생활 속에서 살아간다.

칠순이 지나니 매사에 자신이 없어지고 부정적일 때가 많다. 자연에 순응하는 물처럼 도도히 살자 하고, 거스를 때도 많고, 책을 읽어야 한다면서도 금방 잊어버릴 때도 많다. 책을 읽어도 금방 잊어버리는 나이에 내 속에 깊이 묻혀있는 문맥의 줄기를 찾아 글다운 글을 쓴다는 것이 쉽지 않다.

사람들이 말하길 어떤 일의 전문가가 되기 위해 필요한 시간은 1만 시간이라고 한다.

운동선수가 되기 위해서 3년 동안은 꼬박 하루에 10시간씩 운동을 하는데 글다운 글을 써보겠다고 하면서 게으름을 피우는 것은 자기기만이다.

이제부터 내가 머물러야하는 자리, '지어지선(止於至善)'은 다름 아닌 글다운 글을 쓰는 작가다.

'지어지선'은 개인적인 이상을 추구하는 말로 지극히 착한 경지에 이른다는 뜻으로 『대학』에 나오는 글이다. 70평생 느끼고 체험한 이야기를 객관적 작품이 되도록 착하고 진솔하게 쓰는 것인데 수습작가 딱지를 뗀 지 일천하여 제대로 따라 주질 않는다. 가끔 밤늦게까지 글을 쓰다 보면 다음 날은 피곤해서 견디기 어려울 때가 많다. 언제까지 글을 쓸 수 있을지 알지 못하지만 얼마나 많은 글을 읽고 써야 글다운 글이 나오려나… 발걸음이 무겁다.

시리도록 파란 하늘에 해무늬가 일어나기 시작한다. 아름다운 노을이다. 아직도 미완으로 남은 일들을 어떻게 마무리 지을 것인가. 낙엽을 밟으며 사색의 끈을 이어본다.

(2017. 11)

3.

초여름의 수목원

상사화가 보고 싶다

상사화가 보고 싶어 길을 나섰다.

얼마 전 친구에게서 상사화에 대한 이야기를 듣고부터 머릿속에서 떠나지 않는다. 고창 선운사는 몇 년마다 가는 곳인데 동백꽃이 송이째 뚝뚝 떨어지는 모습은 보았지만 상사화가 군락을 이루고 있는지는 몰랐다.

꽃과 잎이 만나지 못해 서로 그리워하다 상사가 난 것 같다 하여 상사화라기도 하고 이별초라도고 한단다. 백합목 수선화과의 여러해살이풀로 산과 들에 나오는데 봄에 먼저 핀 잎이 여름 끝 무렵 땅 속으로 녹아들면 그제야 60~70㎝정도의 꽃대궁이가 분홍색의 여섯 꽃잎을 피운다. 단 하루도 만날 수 없는 애절함을 안고 있지만 타고난 숙명이라면 어쩌겠나.

선운사 산비탈 소나무 밑에 각혈하듯 땅을 핏빛으로 물들이며 열정을 토해내는 새빨간 꽃. 꽃을 보는 순간 혼란이 일어났다.

호기심을 안고 잔뜩 열애의 마음을 품고 왔더니 꽃무릇이었다. 잎과 꽃이 만나지 못함은 비슷하지만 상사화와는 전혀 다른 꽃이다.

애잔하고 홀로 아픔을 삼키며 한을 품은 듯한 여린 꽃인 줄 알았는데 꽃무릇이라니…. 한평생 가슴이 쓰리도록 애틋한 사랑의 기억이 없으니 에로틱한 사랑과는 거리감이 있다. 요즈음 감성이 살포시 문을 열고 상사화를 맞이해보려는 속셈을 들킨 것 같은 기분이다. 사랑은 오롯이 느끼는 거니까 당사자가 아니고는 말할 수 없다. 말복이 지나면 무더위가 한풀 꺾일 줄 알았는데 여전히 덥다.

불쑥 솟구친 꽃대에 손바닥만한 붉은 꽃이 화려하다. 그래서 슬픈 감정이나 임을 그리는 애틋한 모습을 느낄 수가 없다. 초봄부터 잎을 내밀어 잎이 지고난 후 가을에 꽃이 핀다는 꽃무릇은 오히려 품위 있고 우아한 자태를 지니고 있어 마음이 놓인다.

시련을 당하고 이별을 했다고 쓰린 가슴을 안고 슬퍼하기보다는 슬픔을 이긴 당당함에서 그 슬기를 배운다. 평생 시련을 이기지 못하고 원망과 슬픔에 젖기보다는 사랑을 승화시키는 지혜로운 여인의 더 큰 사랑이 훌륭하고 아름답다. 어쩜 속으로는 쓰린 가슴이 다 타들어 가는지는 알 수 없지만….

바람골을 따라 도솔암으로 향했다. 물길 따라 산바람이 일어나니 시원하다. 개울 건너편에는 선홍색의 꽃무릇이 정열적인 빛으로 푸른 소나무와 어울려 꽃대궐을 연출한다. 꽃무릇이 이렇게 아름다운 것은 10여 일 짧은 생애 동안 품위와 아름다움을 지키며 자기 일에 끝까지 온 열정을 쏟아내는 폭발력 때문인가 싶다. 어쩜 불꽃같은 새빨간 빛은 처절한 사랑 대신 온몸을 순식간에 불살라 바치기 때문이리라.

인생도 살아가는 동안 자신이 하고 있는 일에 보람을 느끼며 열정을 태우다 가면 그것이 축복이고 행복이다.

애절한 사랑을 품고 사는 지고지순한 난초 같은 상사화나 뜨거운 가을볕에 그리운 추억을 안고 승화된 사랑을 불태우는 꽃무릇이나 자신만의 세계에 한평생을 송두리째 바치는 생애가 모두 아름답고 감동적이다.

개울가 물소리에서 상사화의 애달픈 영혼의 소리가 들리는 듯하다.

(2015. 9)

솔향기를 따라

솔향기가 그윽하고 산새들이 화음을 내는 곳.

파란 하늘 아래 푸른 소나무들이 반갑게 맞아준다.

부모님 산소를 병풍같이 빙 둘러싸고 있는 소나무는 보기에도 좋고 운치도 있다. 아버지께서는 소나무를 사랑하셔서 생전에 이곳 동산에 소나무를 많이 심으셨다. 나는 이곳에서 솔향기를 맡고 있으면 아버지의 체취가 느껴져 편안하다.

소나무는 눈비가 쏟아지고 바람이 불어도 한결같이 짙푸르며 독야청청하기에 충절과 지조와 기개를 상징하며, 우리 민족의 혼과 기상을 상징하는 나무다. 어린 시절 고향에서 살 때는 봄에는 송홧가루를 따다가 다식을 만들고 추석 때는 솔잎을 깔고 송편을 찌면 향도 좋으려니와 방부제 역할을 하기 때문에 냉장고가 없어도 며칠씩 두고 먹을 수가 있었다. 겨울에 군불 지필 때면 쌓아두었던 솔가리로 불쏘시개를 하여 추운 겨울밤을 따뜻하게 지내곤 했었다. 우리 선조들은 일찍부터 질이 좋고 단단하며 무늬가 아름다운 소나무를 목재로 사용해왔다. 궁궐을 짓고 집을 짓는데도 사용했고 배를 만들고 사람이 죽으면 관을 짜는데도 써왔다. 소나무는 이렇게 우리의 가까이에서 사랑을 한 몸에 받고 있는 나무다.

선영을 떠나 안면도에 들어서니 쭉쭉 뻗은 적송이 도열하여 반긴다.

안면도는 원래 섬이 아닌 태안반도 남쪽 끝에 있는 태안곶이었다. 그러던 것을 조선조 인조 때(1638년) 남면 신온리와 안면읍 창기리 사이를 끊어 물길을 만들어 섬이 되었다가 1970년 서산과 안면도를 잇는 다리가 생겨 다시 육지가 되었다. 조선조에 인공적으로 소나무를 심어 숲을 이루게 하였고 자연휴양림이 조성돼 삼림욕장으로 사랑 받고 있다. 싱싱한 솔바람 소리는 풋풋한 젊음의 소리다. 푸르름을 더해가는 소나무는 피톤치드로 도시 생활에 지친 심신을 확 풀어준다.

솔숲은 한마디로 산소공장이다. 깊은 호흡을 해본다. 싱싱하고 신선하다. 파아란 하늘을 향해 가슴을 펴고 푸른 기상을 뿜어내는 씩씩한 모습이 장하다.

적송향기가 하늘을 뒤덮으며 쉬어가라고 발목을 붙잡는다. 아름드리나무들이 총총하여 운치가 있는 울창한 숲이다. 그간 운동을 안 하고 지냈더니 피곤하다. 큰 바위 그늘에 걸터앉아

쉬었더니 금방 피로감이 사라진다.

소나무는 중국이나 유럽에도 자생하지만 그 모양새가 조금씩 다르다.

나는 그중에서도 우리나라 소나무가 소나무다워 제일 좋다. 특히 안면도의 적송인 안면송과 울진, 청송 일대의 금강송은 단단하고 쭉쭉 뻗어있어서 궁궐의 목재와 사찰의 건축 재료로 500년 이상 사용돼 온 명품송이다. 소나무가 명품으로 사용되기 위해서는 수백 년의 긴 시간이 필요하다.

솔향기를 따라 걷다보니 삼면에 울창한 솔숲과 맑은 물의 백사장 만리포해변에 다다른다. 어느덧 햇살이 숲에 빠지니 온통 붉은 빛이다. 이글이글 타는 듯한 그 장엄한 빛은 장관을 이룬다. 절묘하게 곡선을 이룬 소나무 가지에 살포시 걸린 낙조의 꽃구름은 황홀하고 멋스럽다.

늦바람을 타고 솔향기가 날아든다. 그 상큼하고 그윽한 향기를 온몸으로 마시며 천천히 걸음을 옮긴다.

(2015. 6)

여름철 미각

여름은 채소를 맘껏 먹을 수 있어서 좋다. 쑥갓, 상추, 오이…. 여름철이 제철인 이 싱싱한 채소들은 새파란 기운이 펄펄 난다. 이 이파리들을 된장에 푹 찍어 아삭아삭 씹는 맛은 그 진미가 혀끝을 더욱 진동시킨다.

비닐하우스에서 재배한 채소가 있어도 여름이 아니고서는 이런 풋풋한 맛을 볼 수가 없다. 시골밥상에서 느낄 수 있는 맛이다. 시골에서는 채소밭에다 푸른 식량을 한밭 가득 심어 놓고 마음만 먹으면 언제나 싱싱한 정기가 듬뿍 담긴 그 푸성귀를 아삭아삭 씹어 먹을 수가 있다.

아파트에 살고 있는 나는 시골밥상이 생각나면 겨우 마트에 가서 비닐하우스에서 재배한 채소를 사다 먹어보지만 옛날 그 맛이 아니다.

지난여름 서울 근교에 사는 지인이 쑥갓, 상추, 오이, 열무 등을 한보따리 들고 와서는 자기 집 텃밭에서 가꾼 것이니 먹어보라고 한다. 그 윤기 흐르는 싱싱함과 푸성귀 냄새가 순간 나를 끌어당긴다. 집 근처 식당에서 점심을 간단히 하고 그녀를 보낸 후 저녁에 그 푸성귀 쌈을 만들어 놓은 된장에 찍어 한소쿠리 다 먹었다. 바로 옛날 그 맛이다. 시골에서 기운이 펄펄 넘치던 소녀 시절에 쌈을 입안 가득히 넣고 아삭아삭 씹어 먹던 그 맛이다. 옛날의 미각을 찾은 것이다.

나는 그 맛이 그리울 때면 가끔 중앙선 열차를 타고 양평장에 가서 푸성귀를 한보따리 사온다. 얼마 전 동생이 왔기에 그 말을 했더니 경동시장에도 있는데 왜 하필 양평까지 가느냐고 한다.

"경동시장에 나온 것은 이파리가 시들지 말라고 물을 뿌린 것이라 자연스런 시골 맛이 안나."

"나이를 먹으면 입맛을 잘 모른다던데, 언니는 아직 젊은가봐요. 옛날 입맛을 잃지 않고 있으니…."

"하긴…."

둘이서 한참 동안 깔깔 웃었다.

물건은 값비싼 것이 아니더라도 따뜻한 마음이 깃들어 있으면 최고의 물품이 된다. 주위에 정이 있는 분들이 있어서 고마움을 느낀다.

제 맛을 아는 것도 건강해야 그 맛을 알 수 있다. 60대 후

반 이빨이 시원찮았을 때는 음식을 제대로 씹어 먹을 수가 없어서 한동안 맛을 느끼지 못했는데 임플란트를 하고나서 다시 입맛을 찾았다.

늙을수록 건강해야 기쁨도 즐거움도 있지, 건강하지 못하면 아무 희열이 없다. 건강을 잃으면 모든 것을 잃는다는 말이 나이를 먹으니 실감난다.

미각의 대상도 제철마다 다르다. 봄에는 쑥, 미나리, 달래, 여름에는 참외, 수박, 오이, 쑥갓, 상추, 열무, 가을에는 배, 사과. 그 맛은 계절에 따라 느끼는 맛이 사뭇 다르다.

먹는데도 역시 운치가 있어야 미각을 돋운다. 열무김치는 보리밥에 먹어야 제격이고 푸성귀 쌈은 찬밥에 먹어야 혀끝을 한층 자극한다. 시원한 여름에 찬밥에 고추장과 참기름을 넣어 쓱쓱 비벼 여럿이 먹어야 입맛이 살아난다.

나는 음식을 만드는데 크게 신경 쓰지 않고 손쉬운 것만 하느라 오이 피클은 자주 해먹고 열무김치는 잘 담그지 않았는데 작년 여름부터 담갔더니 여름철 맛이 살아났다.

풋풋하고 싱싱한 맛은 오직 여름철에만 느끼는 맛이다.

(2016. 8)

즐거운 외출

두 딸과 함께 양평 세미원에 도착했다.

바람에 밀려오는 연꽃 향기가 발걸음을 재촉한다.

끝없이 펼쳐진 연꽃과 짙푸른 잎들이 푸른 바다를 이루고 있다. 파란 연잎 위에 연꽃은 저마다 자태를 뽐내며 물 위로 솟아있다. 오직 우산을 펼친 듯한 잎을 밑받침으로 피어난 하얀 연꽃과 분홍색 연꽃이 눈길을 사로잡는다. 은은하고 화려한 기품 속에 수줍은 듯 고고한 자태가 범접하기 힘들다.

출렁다리를 타고 연꽃 위를 걷고 있으니 흡사 선녀라도 된 듯싶다. 진흙 구덩이에서 깨끗하게 피어난 연꽃은 시궁창 냄새가 나던 연못도 정화시킨다고 한다. 나도 연꽃처럼 인간의 향기로 가득 채워졌으면 좋겠다.

나는 두 딸과 자주 외출을 한다. 딸들은 아들과 달리 싹싹

하고 다정다감하다. 큰딸은 큰딸답게 진득하고 속이 깊다. 셋째 딸은 상냥하며 엄마에 대한 사랑이 극진하다.

우리는 배다리를 지나 맑은 시냇물이 흐르는 유상곡수에서 발을 담그고 이런저런 이야기를 나누며 모녀의 정을 더욱 깊이 되새긴다.

여러 모양으로 사진에 추억을 담으며 장독대 분수에서 멋진 포즈도 취해본다. 마침 바람이 불어오니 시원하다.

불교에서는 연꽃이 마음을 정화시키는 깨달음의 꽃이라고 한다. 연꽃은 하나도 버릴 것이 없다. 꽃은 꽃대로, 잎은 잎대로, 뿌리는 뿌리대로 사람에게 유익을 준다. 정신을 맑게 하여 깊은 통찰력을 갖게 하며 혈관을 수축하여 콜레스테롤을 저하시켜 피를 맑게 하고 지혈작용이 탁월한 묘약의 역할까지 해준다고 한다.

연꽃은 사람과 자연의 일체감을 알게 하는 자연철학의 사상까지도 담고 있어 더욱 가까이 하고 싶은 꽃이다.

오늘은 막내딸이 푸조를 새로 구입하여 시승을 함께했다. 새 차를 타는 기분은 정말 신난다.

양평에는 숲과 나무가 많다 자동차를 주차해 놓고 둘레길을 걸었다. 한참 걷다보니 출출해진다. 라떼커피와 호박빵으로 유명하다는 T빵집을 찾았다. 벌써 수십 명이 줄지어 늘어서있다. 20분쯤 기다려 한 쪽에 겨우 자리를 잡았다. 이제는 우리나라도 살만하니까 가족 나들이가 많다. 바람직한 일이다.

저녁식사 대용으로 빵을 먹고도 손에는 빵 보따리 하나씩 들고 나왔다.

집안에만 있으면 느끼지 못하는 외출에서의 즐거움이다. 오늘 같은 외출은 생활의 활력소다.

(2017. 7)

초여름의 수목원

초여름에는 아무래도 강보다 산이 좋다.

아침을 먹고 광릉으로 향했다. 수목원 입구에 이르자 향긋한 풀냄새와 송진냄새가 정신을 번쩍 들게 한다. 아침 이슬을 듬뿍 머금은 숲은 새파란 기운을 힘차게 쏟아낸다. 나무들이 가장 왕성하게 자라는 이곳에서 신록의 냄새를 맡고 햇볕의 힘찬 음악소리를 들으니 새로운 기운과 기쁨이 발끝에서부터 머리끝까지 솟아오름을 느낀다.

진입로에는 수령이 오래된 나무들이 터널을 이루고 있다. 전나무를 비롯하여 하나같이 운치 있고 쭉쭉 뻗은 것이 잘생겼다. 30만 평이 넘는 수목원은 500년 이상 국가의 관리를 받고 있어서 산림이 울울창창하고 푸른 기운이 넘쳐흐른다.

맑은 개울물 소리를 타고 불어오는 산바람은 싱그럽고 상쾌하며 서늘할 만큼 시원하다. 개울물에는 일급수에서만 산다는 버들치와 도롱뇽, 가재 등이 서식한단다.

하늘다람쥐가 재빠르게 상수리나무 위로 오른다. 청설모가 아닌 우리나라 천연기념물이다. 다람쥐는 가을에 상수리를 땅속에 파묻어놓고 1년 내내 양식으로 사용한다. 잊어버릴 때가 많지만 먹이사슬이란 생각보다 묘한 법칙을 가지고 있어서 생태계가 잘 유지된다.

상수리 잎이 반짝반짝 윤이 난다. 아직 상수리 열매는 새파랗고 작아서 눈에 잘 띄지 않는다. 숲속 바람은 걸음을 옮길 적마다 몸과 마음을 청결하게 씻어준다. 소나무, 전나무, 복자나무, 굴참나무, 잣나무, 아까시나무 등이 무성한 여름을 준비하기에 분주하다. 싱싱하고 풋풋한 여름 냄새가 온몸에 퍼진다. 여름의 풍치를 마음껏 자랑하는 나무에서 뿜어내는 피톤치드에 엔도르핀이 팍팍 돈다.

얼마 걷지 않아 정희왕후와 나란히 한 세조의 릉이 손짓을 한다. 세조는 왕 위에 올라 북방의 여진족을 소탕하여 국방을 튼튼히 하고 『경국대전』을 편찬하며 왕권을 강화했지만 왕권을 쟁탈하기 위한 단종애사의 피냄새가 6백여 년이 흐른 오늘까지 풍기는 듯 섬뜩하다. 억겁을 가도 그 죄를 어떻게 속죄하려고 철면피와 같은 그런 끔직한 잔혹사를 저질렀을까…. 패륜도 서슴없이 자행하는 정쟁사가 승리의 역사인가 회고해본다.

울창한 숲 사이로 들어가니 아름드리나무들이 푸른빛을 넘어 신비하고 짙푸른 검은 빛으로 청량감을 느끼게 하며 심신이 가벼워져 초여름의 맛을 만끽한다.

숲길 중간 사이로 봉선사가 얼굴을 내밀고 있다. 이곳은 고려 광종 20년(969년) 법인국사 탄문이 창건해서 운악사로 불리던 작은 규모를 조선조 예종 1년(1469년) 정희왕후 윤씨가 남편인 세조의 묘를 보호하기 위해서 중창하고 봉선사라 불렀다고 한다. '큰 법당'이란 한글 현판이 눈길을 끈다.

사찰의 현판은 한문으로 쓴 것이 전통인데 이곳 사찰은 불교대중화의 의지를 담아 대웅전의 현판을 한글로 썼단다. 춘원 이광수의 추모비도 자리하고 있어 발길을 잡는데 싱그러운 바람이 미소를 보낸다. 숲길을 돌아 나오는데 사슴 한 마리가 뛰어 간다. 그 모습이 어쩌면 천국에 있는 평안함이다. 이 숲에는 희귀종인 크낙새가 살고 금슬 좋은 원앙새도 노닌단다. 보호종인 장수하늘소가 일찌감치 서식지로 자리를 잡았고 명품 소나무, 복자나무, 느티나무, 목련, 벚꽃 등도 행복을 구가하며 태평성대를 누리고 있다.

초여름은 나무들이 가장 활발하게 운동을 한다. 나도 덩달아 하늘과 땅 사이의 큰 기운을 심호흡으로 축적시킨다.

여유로움으로 자연과 이야기를 나누는 즐거움은 오롯한 행복이다.

(2015. 6)

된장찌개

삼청동 옛길을 돌아 인사동 한정식 집에서 식사를 했다.

상차림이 고풍스럽다. 오랜만에 입에 맞는 된장찌개를 맛본다. 음식이 맛깔스럽고 정갈하다. 집에서는 한정식을 차리기가 까다로워 잘 차리질 못한다.

시부모님을 모시고 살 때는 명절이나 생신 때면 으레 집에서 차렸는데 이제는 옛이야기가 돼버렸다.

굴비, 어리굴젓, 쇠고기꼬치산적, 청포묵, 갖가지 전, 나물, 김치, 그리고 국 대신 된장찌개가 올라왔다.

숟가락을 드는 순간 외할머니 모습이 환영으로 스친다. 외할머니는 전형적인 양반집 안주인이었다. 기품 있고 단아한 몸가짐, 곱게 빗은 쪽진 머리와 옥색 치마에 흰 저고리, 조용하고 차분한 목소리와 사뿐사뿐한 걸음걸이, 거기에 음식솜씨

또한 일품이셨다. 외할머니는 1년에 두 번 정도 우리 집에 오시면 1개월쯤 머무셨다. 외삼촌과 사시다가 외삼촌이 돌아가신 후 큰조카와 함께 인천에서 사셨다.

외할머니는 쇠고기산적을 정말 잘 만드셨다. 산적을 만드시는 날에는 아버지께서 동네 친구들을 불러 모아 술잔을 기울이며 흥겨워하셨다.

뚝배기에다 된장찌개를 짜지도 않게 끓이셨는데 재료는 쇠고기, 맛살, 감자, 애호박, 대파 등을 주로 넣으셨던 것으로 기억된다. 그 맛은 어디에서도 맛볼 수 없는 외할머니표인 감칠맛이었다. 말씀이 거의 없으셨는데 종일 음식 아니면 바느질을 하셨다. 그리고 틈틈이 『동몽선습』도 읽으셨다.

추운 겨울 어느 날 밖에는 눈이 오고 있었다.

"눈이 하염없이 내리네, 얼마나 많이 쌓이려고…."

슬픔이 몸에 배어있는 듯한 외할머니는 그날따라 더욱 근엄해보였다.

삽시간에 내린 눈이 산과 논과 마당에 수북이 쌓였다. 한참 동안 눈을 바라보시는 외할머니에게서 슬픔 같은 것이 느껴졌다. 건넛방으로 들어가신 할머니는 소리 없이 우셨다. 아마도 외삼촌 생각을 하고 계셨던 것 같았다. 외할머니가 웃으시는 모습을 한 번도 보지 못했다.

외할머니와 식사시간 때의 분위기는 항상 엄숙하고 조용했었다. 음식 씹는 소리만 내어도 그건 품위 없는 짓이라며 꾸

짖으셨다. 그때는 식탁이 하나가 아니라 몇 개의 상이 분리됐다. 아버지와 같은 상에서 밥 먹기를 좋아했던 나보고는 여자애가 그렇게 하면 시집가서 시부모한테 미움 받는다고 걱정하셨다.

우리는 밥을 먹을 때 묵묵히 먹기만 하면 됐다. 온 가족이 한 자리에 모여 식사를 즐긴다는 것은 거의 불가능한 일이었다. 우선 가옥 구조가 그렇고 상이 그렇지 못했다. 그러나 명절 때는 큰 상에다 남자는 남자끼리, 여자는 여자끼리 먹었다. 비 오는 날에는 김치빈대떡을 부쳐주시고 우리와 도란도란 이야기를 나누시면서 맛있게 드셨다. 그것이 외할머니의 유일한 즐거움 같았다.

우리 집 된장 맛과 간장 맛은 동네에서도 유난히 달고 맛있었다. 이것이 다 외할머니의 손맛이었다.

외할머니는 내가 중학교 입학하는 해 이른 봄날 인천에서 돌아가셨다.

벌써 외할머니가 돌아가신 지 60년이다. 외할머니로부터 어려서 배운 예절교육이 나에게 인고의 세월을 거뜬히 견디게 했다.

나는 비 오는 날보다는 눈 오는 날이 더 좋다. 눈 오는 날 끓이는 된장찌개에서 가끔 외할머니의 냄새가 난다.

(2015)

열린 마음

음각으로 새겨진 두 개의 표지석이 있다. 洗心洞(세심동)과 開心寺(개심사). '마음을 씻고 문을 열라'고 한다.

그동안 걸어 잠갔던 마음을 열고 마음을 깨끗이 씻어보자.

이곳은 중학교 봄소풍 때 와보고 60년 만이다. 지난 세월이 필름같이 지나간다. 어려서부터 지기 싫어하는 성격으로 고집 세고 잘난 척하다가 엎어지고 일어난 것이 몇 번이던가. 고달픈 삶 속에서 까맣게 잊고 지내다 경지(鏡池)에 비친 모습을 바라보니 삼단 같던 머리털과 풋풋하던 소녀는 어디가고 흰서리를 맞은 할머니가 서 있다.

세상사 마음대로 되었다면 지금쯤 역사의 한 페이지를 장식할 수도 있었을 텐데 제대로 차근차근 준비도 하지 못하고 급하게 서둘다 일을 그르친 적이 얼마였던가. 그러나 사실 준비할 시간도 충분히 없었고 기회도 얻지 못하고 지냈다. 기회를 얻지 못했기에 마음이 더 조급했다.

모든 것은 때가 있다. 씨를 뿌릴 때 뿌리고 새싹이 자라나게 하기 위해서는 가꿔줘야 수확을 거둘 수 있다. 사람의 일도 마찬가지다. 젊어서 제자리를 잡지 못하면 평생 고생이다. 마음만 바쁘다고 일이 이뤄지는 것도 아닌데 각박하게 살다보면 괜히 바쁘다. 앞만 보고 열심히 살아온 시간이 나이만 더했지 다람쥐 쳇바퀴 돌 듯 제자리만 빙빙 돈 셈이다.

대학교 시절 학생운동을 하다 구속된 사건은 민주정부가 들어설 때까지 20여 년이 넘게 많은 고난 속에 봉착했지만 주저앉지는 않았었다.

줄줄이 딸린 아홉 식구들의 생활이 먼저이다 보니 내가 꾸던 원대한 꿈은 접어둘 수밖에 없었다. 녹록치 않은 현실에 부딪혀 어느 순간 현실과 타협하고 체념하며 쓰라린 가슴을 스스로 다독이며 많은 시간을 보내기도 했다. 그러나 성격이 팔자라고 길이 없으면 만들고 막히면 뚫으면서 살아왔다. 나는 어쩜 운명에 도전하며 내 길을 스스로 개척해왔다고 자부한다. 그 결과 준정부 기관의 상임이사와 감사도 지냈다.

권사로 신앙생활을 열심히 했었지만 뒤늦게 천체물리학을 공부하며 종교에 대한 생각이 정리되어 홀가분하고 자유롭다.

70평생 신의를 지키고 올곧게 살려고 열정을 다했기에 고개 고개를 넘을 수 있었다.

긍정적인 생각으로 강한 의지를 갖고 삶의 의미를 찾으면 늦더라도 희망의 메시지가 생성된다는 사실을 인지하고 감사를 보낸다. 많은 시간 잠 못 이루며 고뇌하던 일들이 작은 열매를 맺어 토대를 이루고 주렁주렁 행복을 선사해준다.

구불구불 가파른 산길을 오르니 상큼한 풀냄새가 가득하고 흐르는 계곡물이 햇볕에 더욱 맑다. 종심(從心)이 되어도 욕심이 꽉 차있으면 문이 열리지 않는다.

내가 빠지면 큰일날 것 같은 일들이 나 없이도 잘 굴러간다. 그런 것이 모두 부질없는 욕심이었던 것을 이제야 알 것 같다.

초심을 잡고 준비를 하면 노년이 되어도 조바심 할 일이 없다. 반 박자 느린 걸음으로 길을 따르니 마음이 창을 내고 숨을 쉰다.

맑은 공기 속에서 여유롭게 음미하니 마음이 홀가분하다.

마음은 씻으려고 해서 씻어지는 것이 아니라 인고의 세월이 지나 허허로워져야 한 겹 한 겹 벗겨지고 정화된다. 마음이 열리면 눈이 열리고 자연의 순리가 보이고 미래가 보인다.

은빛 머리가 석양의 노을을 받으니 금빛으로 물든다.

모든 것 쏟아놓으니 발걸음이 한결 가볍다. 세심동과 개심사, 표지석에 가만히 이정표를 새긴다.

(2016. 5)

코스모스 길

중랑 천변에는 유난히 코스모스가 곱게 피어난다. 배봉산 자락에서 요란하게 울어대던 풀벌레소리가 끊기고 바람이 불 때마다 낙엽이 어지럽게 흩날린다. 옷깃을 여미고 동네를 한 바퀴 도는데 가을바람이 몸 속 깊이 스며들어 쓸쓸함을 더한다.

나이에 따라 좋아하는 계절도 바뀌는지 요즈음은 단풍이 꽃보다 더 아름답게 보인다. 나목이 되어가면서 조락의 쓸쓸함으로 인해 인생을 관조하는 여유를 갖게 하는 가을이 이제 친구처럼 다가왔다.

이곳에는 빨갛게 물든 단풍과 억새와 코스모스가 어울려 아직도 태우지 못한 사랑과 열정을 고스란히 품고 있다.

코스모스 길을 걷고 있으니 지난 일들이 생각나고 옛날이 그리워진다. 코스모스는 오래전부터 내 가까이 있어 왔다.

중학교 시절 학교까지의 거리가 10㎞나 되었다. 그때는 버스가 다니지 않아 매일 걸어서 통학을 했었다. 새벽녘 20리가 넘는 신작로 길가에서 이슬을 머금고 방긋이 웃으며 격려를 해주던 꽃이 코스모스였고 꿈 많던 대학교 시절 사색에 젖어 돈암동 둑길을 걸을 때 위로를 보내던 꽃도 코스모스였다.

코스모스의 한들거림은 애잔함을 느끼게 하고 깊은 고독감을 불러일으킨다. 나는 언제부터인지 가을을 지독히 탄다. 적적함과 고독함이 몸 속 깊이 스며들면 그리움을 향해 어딘지 지향 없이 가고픈 마음이 일어난다.

이럴 때 코스모스가 피어있는 길을 걸으면 친구와 함께하는 느낌이다. 친한 친구와 같은 코스모스가 재래종이 아니라 멕시코가 원산지인 외래종이란 사실을 안 것은 얼마 되지 않는다. 코스모스가 이 땅에 뿌리 내린 지는 불과 100여 년 밖에 되지 않아 귀화식물이라지만 난 코스모스를 사랑한다.

코스모스가 우리나라에 본격적으로 자리 잡은 것은 도로공사가 한창 진행되던 때부터라고 한다. 맨땅을 갈아 길을 만드니 황토로 뒤덮인 신작로를 보기 좋게 하기 위해서 멕시코의 메마른 땅을 원산지로 둔 코스모스를 심은 것이라고 한다. 코스모스는 국화나 들국화가 채우지 못하는 도로변의 빈자리를 채워주며 우리에게 아름다운 감성을 불러일으키며 다가왔다. 집앞 뜰이나 화단에는 국화, 산에는 들국화와 함께 가을꽃으로 어우러져 토착화를 이루어냈다. 이러한 꽃이기에 오래도록 우리의 향수를 자극한다. 가을은 쓸쓸하지만 애틋하고 아련한 그리움을 느끼게 한다.

생명력이 강해서 어디에서나 잘 자라는 들국화와 코스모스를 도시의 외진 곳에 더 많이 심어 풍성하고 아름다운 꽃길을 만들면 사람들의 마음도 여유롭고 풍요로워져 정겨운 거리가 형성될 것 같다. 시골냄새 풍기는 코스모스는 나를 끌어당기는 묘한 매력과 환희를 담고 있다. 우린 서로 잘 통하는 것 같다. 코스모스 꽃잎 하나를 손가락 끝으로 살짝 튕겨 향기를 맡으니 편안하고 행복하다.

몇 년 전 추석 때 큰손녀딸과 함께 봉화산 길을 산책하며 맛있는 송편을 배밭 너머 집에서 사가지고 올 때 우리를 반겨주는 코스모스에게서 손녀딸의 냄새를 맡았다. 지금 미국에서 공부하고 있는 손녀딸을 그려본다.

맑고 깨끗한 가을하늘을 닮은 청초한 코스모스는 추억을 안고 기억을 상기시켜준다. 파란 하늘 아래 한들거리는 코스모스를 보고 있노라면 할머니와 손녀딸이 손을 잡고 가는 모습이 떠오른다. 큰손녀딸이 보이고 또 친한 친구들이 지나간다. 코스모스가 만발한 길은 내 마음을 따뜻하게 해준다.

(2016. 11)

나들이를 함께하는 친구들

늙어갈수록 친구의 소중함을 느낀다.

좋은 친구끼리의 만남은 기쁘고 즐겁다.

요즈음 매월 만나는 친구는 성균관대학교 정정회(여학생회) 회원이다. 우리는 30년째 매월 수요일에 만난다. 처음에는 12명이 만났는데 집안사정으로, 개인적으로 하나 둘 빠지더니 지금은 고작 4명이다.

점심시간에 정해진 식당에 모여 집안의 대소사며 잡담도 하고 때로는 해외여행도 가고 봄과 가을에는 국내의 벚꽃놀이며 단풍놀이를 다니는 동안 흉허물 없는 막역한 사이가 되었다.

22년째 매월 셋째 토요일에 만나는 대학원 동창은 내가 홍일점이다. 아무래도 거리감이 있어 10년 전부터 사모님들을 모시고 나오라고 했더니 지금은 부부동반이 활발하다.

이번 10월 모임은 인천 용유도 미시란 해변의 칼국수 식당이다. 인천국제공항 2층 자기부상열차 타는 곳에 모였다. 인원이 18명이다. 회원 11명과 부인 7명이다. 보통 때는 15명 내외인데 생각보다 많이 나와 분위기가 화기애애하다.

자기부상열차는 처음으로 탑승해본다. 시승감이 좋고 출발하면 차창 유리가 자동으로 가려지는데 개인보호차원이라고 하지만 보안상 필요에 의한 것 같다. 인천국제공항에서 용유역까지 다섯 정거장인데 12분 거리다.

용유역에서 소금기 어린 바람이 불어오는 곳이 미시란 해변가다. 바다는 파도로 일렁이고 푸른 하늘은 황금빛 태양으로 빛을 발한다. 은빛 모래해변을 10분 정도 걸으니 바지락 칼국수집이다. 이곳의 특산물인 조개찜에 바지락 칼국수가 나왔다. 조개가 싱싱하니 감칠맛이 난다. 막걸리까지 한잔 마시니 고향의 바닷가가 생각난다. 마침 민물 때라 건너편 갯벌에서는 조개 잡는 사람이 의외로 많다. 서해에는 조수 간만의 차이가 커서 조개가 많이 서식하는가 보다. 서울에서 가까운 곳에 이렇게 넓은 모래펄이 있는 줄은 몰랐다.

교통도 편리하고 좋다. 저 멀리에는 무의도와 실미도가 보인다. 무의도는 10년 전 동창이 초대하여 가봤던 곳이다. 그때 개펄에서 미끄럼도 타며 즐거운 한때를 보냈는데 이제는 추억이 되었다.

점심식사 후 바닷가를 산책하니 색다른 맛이다. 공기는 상쾌하고 나뭇잎들이 노랗게 물들기 시작하니 예쁘고 아름답다. 모래 위를 한참 걸으니 좀 힘이 든다. 계절과 나이는 속일 수 없다더니 점점 걸음걸이가 느려짐은 어쩔 수 없다.

피곤이 슬슬 몰려온다. 커피 생각이 나서 레스토랑이 자리 잡은 곳까지 젖 먹던 힘까지 들이며 갔다. 커피를 한잔 마셨더니 피로도 풀리고 휴식도 되어 기분이 좋다. 완전히 커피 중독자다. 그래도 어쩌나 피로할 때 커피는 명약인 걸….

동행한 일행 중 안타깝게도 몇 명은 다리가 아파서 걷기가 힘들다고 포기하는 사람까지 있다. 이제는 나들이를 함께할 수 있는 친구들도 점점 줄어든다. 수술을 하고 관절이 아프고 눈이 안 보인다고, 그리고 피곤하고 힘들다고, 하나 둘 참여 못하는 친구들이 늘어만 가니 씁쓸하다.

내년에도 이곳에 다시 올 수 있었으면 좋겠다. 그런데 내년부터는 리조트가 들어오려고 공사를 시작한단다. 어디든지 경치 좋은 곳이면 레저사업 등 각종 시설물들이 들어선다. 이왕이면 난개발로 마구 파헤쳐지지 말고 자연과 어우러진 멋진 조형물들이 건설됐으면 한다. 자연과 공존하는 삶이어야 아름답고 건강하다.

몇 년 후 이곳에 레저단지가 조성된 후라도 올 수 있다면 몇 명이나 동참할 수 있을까. 친구는 여럿이 어울려야 재미가 있다. 그리고 자주 만나야 정감이 있는데 자꾸 하나씩 떨어지고 있다. 80까지라도 건강하고 즐겁게 나들이를 함께했으면 한다.

땅끝에 서서

바다 냄새가 가득한 땅끝 마을에 도착했다.

서울에서 다섯 시간이면 닿을 수 있는 거리를 새벽부터 비가 내려 한 시간이나 더 걸렸다.

이곳은 비가 그치고 하늘도 맑다.

나는 관광버스에서 내리자 곧바로 사자봉 전망대에 올라 땅끝 마을을 내려다본다. 바로 눈앞의 파란 바다 위에 흑일도와 백일도가 손에 잡힐 듯하다. 녹음이 우거진 산, 초록의 논과 밭, 그리고 푸른 물결이 넘실대는 넓은 바다, 평화가 숨쉬는 살아있는 마을이다.

우리나라 끝지점인 토말비가 서 있는 곳, 맨 위로는 백두산이고 맨 아래에는 사자봉인 한반도 최남단 끝자락에 서 있으니 가슴이 벅차오른다. 토말의 봉수대는 우리 강산을 지켜낸 생명의 횃불이다. 이곳은 우리 강토의 끝이 아니라 또 다른 시작이다. 동지가 1년의 끝날이 아니라 새해를 알리는 첫날이듯이….

아침 일찍 나오느라고 커피 한 잔만 마셨더니 배가 고프다. 식당에 들러 콩나물 해장국을 거뜬히 비웠다.

얼마 전까지 오지 중의 오지였던 이곳이 1986년 국립관광단지로 지정되면서 발전하기 시작하더니 최근에는 완도 쪽으로 가는 해안도로가 개통되어 교통이 편리해졌다.

이번 여행은 해남과 완도를 돌아보는 1박 2일의 일정이다.

여행의 재미는 시각과 청각과 미각이 어우러지면 극치에 이른다.

웅장하고 가파르지 않은 두륜산 서쪽 계곡의 유자향이 싱그러운 곳에 자리한 대흥사는 서산대사의 영정이 봉안된 곳이다. "두륜산 대흥사만이 만세토록 허물어지지 않는 땅."이라는 서산대사의 유언처럼 이곳은 임진왜란은 물론 6·25전쟁을 겪으면서도 화를 입지 않았다고 한다. 오늘따라 선현들의 지혜와 혜안이 새삼 그립고 존경스럽다.

우리나라는 어디를 가든 아기자기하고 정답다.

세월의 흔적이 고스란히 묻어있는 연동리에 있는 녹우당을 찾았다. 녹우당은 고산 윤선도와 그의 증손 윤두서가 살았던 집이다.

고산은 42세 때 봉림대군과 인평대군의 사부였는데 봉림대

군이 효종으로 즉위하자 사부였던 고산에게 수원에 집을 지어 주었다. 그 후 효종이 죽자 수원집을 이곳으로 옮겨 왔는데 이 집이 바로 녹우당이다.

고향에서 전원생활을 하며 자연에 의지하고 물(水), 돌(石), 소나무(松), 대나무(竹), 그리고 달(月)을 벗으로 여겨 「오우가(五友歌)」를 읊으며 살았던 조선조 제일의 문객 고산의 자취를 그려본다. 그가 만년에 「어부사시사」를 노래하며 보낸 곳은 완도의 보길도다. 고산은 보길도에 10년을 머물면서 세연지 주변에 노송과 차나무, 대나무 등의 상록수를 심고 세연정을 세워 사시사철 자연 속에서 풍류를 즐기며 인간보다는 자연을 존중하며 인간도 자연에 부수된 존재로 본 것이다.

푸른 물결이 함성으로 몰려와 명량대첩의 승전고를 알리는 학동리 화원반도 끝에서 임진왜란 당시 명량해협인 울돌목에서 12척의 낡은 전선으로 133척의 왜적선을 무찌른 세계 해전사의 승전을 기록한 성웅 이순신 장군을 뵙고 깊이 고개 숙여 감사와 존경을 올린다. 옷깃을 여미며 아쉬운 마음을 뒤로 하고 다도해 해상국립공원의 중심지 완도를 찾았다.

신라 때 해상왕 장보고의 행적을 둘러볼 요량으로 청해진 유적지 장도에 당도하니 유적은 하나도 없고 섬을 둘러싼 목책만 바람을 맞고 있다. 무언가 소중한 것을 잃어버린 것 같은 허무함이 맴돈다.

초록빛 바다에 해조음을 내며 환상적인 풍경을 만들어내는

갯돌이 아홉계단을 이루고 있는 정도리 구계등은 검은 몽돌로 이루어진 아름다운 청정해역이다.

예나 제나 변함없는 남해의 푸른 물결은 우리 강토 최남단 끝자락을 보듬으며 오늘도 푸른빛으로 더욱 반짝인다.

(2012. 7)

민들레와 친구하다

햇빛이 속삭이는 산모퉁이에 다다르자 들풀이 지천이다.

파란 풀들의 숨소리가 요란하다. 갑자기 눈앞이 환해졌다.

샛노란 꽃이 눈길을 끈다. "아! 민들레!" 하고 말하는 순간 그냥 한눈에 반해 버렸다. 가끔 오는 이곳은 산야가 온통 들풀의 천국이다.

나는 꽃을 좋아한다. 장미도 싸리꽃도 들국화도….

그런데 눈높이가 달라졌나 보다. 오늘따라 들풀이 이렇게 싱그럽고 아름다울 수가 없다. 여기저기 꽃들이 많이 피어 있다. 제비꽃, 클로버 등 들꽃이 사방팔방에 널려있다.

민들레는 홀씨가 바람을 타고 훨훨 날아서 낯선 땅, 산모퉁이, 들판, 길섶 어느 곳이든 씨앗을 묻고 꽃을 피운다. 국화과의 여러해살이풀로 산과 들에 무더기로 뭉쳐나며 옆으로 퍼진다. 봄이면 꽃대 끝에 많은 작은 꽃이 머리모양을 이루어 꽃을 피운다. 흰 깃털의 씨는 바람에 날려 전파된다. 꽃말은 감사하는 마음과 행복이다.

민들레의 화사한 꽃빛이 나를 유혹한다. 이 산비탈에는 해마다 개나리가 노란 꽃을 피워 봄의 전령사로 봄나들이 준비를 시켜왔다. 그동안 개나리에 눈을 맞추느라 그 아래 피어있는 민들레에게는 눈길 한 번 주지 못하고 그냥 지나쳤나 보다.

이제라도 눈에 들어오는 것만 보지 않고 작은 풀 한 포기에도 소중한 삶이 묻어 있음을 발견하게 되어 기쁘다. 민들레꽃은 개나리보다 더욱 샛노랗고 꽃송이도 크다. 민들레의 아름다움을 보고 또 본다. 살며시 다가가서 "이제부터 너는 내 친구다."라고 말해준다. 민들레꽃을 살포시 만져본다.

햇살을 받아 반짝반짝 빛을 내며 "반갑다."고 한다. 민들레와 친구가 되니 한없이 행복하다. 이 들풀들은 임자가 없다. 누가 가꾸거나 돌보지 않아도 혼자서 잘 자란다. 이들의 주인은 하늘과 땅과 바람이라 생명력이 강하다.

올해도 봄이 오니 민들레가 더 많이 피어 찬란한 빛을 내뿜고 있다. 번식력이 강한 민들레는 이곳에서 자손을 늘리고 더 번성할 것이다.

민들레꽃들을 만난 것은 지난봄 배봉산 비탈길을 걷고 있을 때였다.

'그리운 친구들이 하나, 둘 떠나고 저절로 피고 지는 들풀만이 천지에 가득하네… 사람들도 들꽃처럼 피어날 수 없을까' 하며 쓸쓸한 기분에 젖어 있을 때 눈에 띈 꽃이 민들레였다. 나는 걸음을 멈추고 한동안 그 자리에서 가만히 서 있다가 돌아섰다.

그 다음날 민들레를 찾아가서 반갑게 인사를 나눴다. 맑은 산바람이 불 때마다 몸을 흔드는 들꽃들의 자연스러운 몸짓이 무척 사랑스럽다. 화창한 봄기운 따라 꽃향기가 솔솔 풍긴다.

정오의 햇볕이 따갑다. 흡사 여름날씨 같다. 노란 꽃들이 찬란한 빛을 발하며 친근감을 표시하는 속에 "어이, 친구 내일 또 만나자." 하고 산비탈을 내려왔다.

(2018. 4)

창경궁 산책

가을이 깊어가는 어느 날 창경궁을 찾았다.

육중한 원기둥이 우뚝 선 홍화문 안에 들어서니 공기가 사뭇 다르다.

600년을 지켜온 느티나무와 백송에게서 내뿜는 신선하고 쾌적한 향기가 나를 둘러싸며 반긴다.

옥천교를 지나 명정문에 이르렀다. 명정전 안에는 마당 한가운데 어도가 나있고 좌우로 만조백관이 머리를 조아리던 품계석이 길게 나열되어 있다. 조선조의 벼슬아치들 정일품… 그리고 종구품까지 위엄있게 홍패를 흔들며 백성들을 호령했던 그들은 어디로 가고 이제는 석식들뿐이다.

창경궁은 조선조 9대 성종이 창덕궁 동쪽에 세운 동궐이다.

그 후 임진왜란 때 소실되었던 것을 광해군 때 다시 복원된 건축물로 우리나라 5대 궁궐(경복궁, 창덕궁, 덕수궁, 경희궁) 중 가장 오래된 곳이다.

창경궁은 다른 궁궐과 달리 여성을 위한 공간이 많다.

경춘전, 통명전은 모두 왕비와 왕대비를 위해 세운 건물이고 양화당은 왕비의 응접실 겸 생활공간이며 영춘헌과 집복헌은 후궁들을 위한 건물이다. 이곳에서 많은 왕과 왕세자가 태어났고 왕비와 왕대비가 세상을 떠났다.

통명전은 왕의 본전인 명정전 뒤에 깊숙이 자리한 내전이며 옆으로 후궁이 거처하는 영춘전과 집복헌이 마당 하나 떨어진 곳에 나란히 있다.

사람의 혈기는 음양에서 나오고 정욕은 혈기로 인해서 작용하는데 왕 하나에 왕비와 후궁을 함께 모아놓았으니 남편인 왕의 발걸음만 쳐다보며 뒤엉켜 살아야했던 그 시절 여성들에게 인격이 있기나 했었나 싶어 안타깝다.

구체적인 설명이 없어도 억압과 통제된 구중궁궐이 여성들에게 얼마나 비인격적이고 어렵고 힘겨운 삶이었나, 역사의 한 모퉁이에서 어렵지 않게 한 많은 그 흔적을 찾을 수 있다.

인간의 삶에는 언제 어디서나 이면이 있게 마련이지만 현재는 남녀평등으로 남성과 여성이 대등한 인격자로 평가 받으며 자신의 권리를 주장할 수 있어 다행이다.

통명전 뒤에서 졸졸 흐르는 물소리가 들린다. 천연의 맑은 샘물이 자연석을 다듬어 만든 연못으로 흘러 정원을 이루고 있다.

암반 위로 나있는 돌계단을 오르면 창경궁 북쪽 끝자락에는 넓은 춘당지로 가는 길가에 성종 태실이 있다. 원래 경기도 광주군에 있었던 것을 이곳으로 옮겨 부도처럼 석물을 만들어 놓고 '성종태실'이라 표지석을 세웠다.

깊어가는 가을 날 춘당지 주변에는 진홍색의 단풍이 활활 불타고 산사나무 빨간 열매가 파란 하늘 아래 환상적인 아름다움을 연출한다.

떠오르는 해보다 지는 해가 더 아름답고 단풍이 꽃보다 아름답다더니 이를 두고 한 말인가 싶다. 단풍의 빛깔이 어찌나 고운지 신선이 내려와 한 폭의 그림을 그려 놓은 듯하다.

춘당지는 원래 권농장으로 임금이 친히 농사를 지으며 그 해 농사의 풍흉을 보던 '내당포'라는 논이었는데 일제 때 이 자리에 연못을 만들어 '춘당지'라 했다는 기록을 보면서 일제가 창경궁도 창경원으로 전락시켜 동물원으로 사용했던 잔재의 기억을 되짚어 본다. 창덕궁의 후원인 비원과 담 하나로 인접해있는 창경궁은 40년 전에는 야간 벚꽃놀이로 유명한 유원지였고 초등학교 봄소풍 놀이터였는데 1983년 대대적인 복원사업으로 본래의 모습을 되찾았다. 국권없고 힘없던 나라의 슬픔을 상기해본다. 역사는 과거가 아니라 오늘을 사는 우리들의 지표가 됨을 가슴 깊이 새긴다.

정오의 태양이 금빛을 뿌리며 고궁의 운치를 더한다. 연못가 굴참나무 앞의 벤치에 앉아 가을 정취에 흠뻑 취해 시간의 흐름도 잊은 채 기우는 해의 인사를 받고 일어났다.

모처럼 옛 궁궐을 돌아보며 단풍도 구경하고 역사적인 안목도 넓히고 심신의 건강까지 챙길 수 있으니 일석다조가 아닌가. 이처럼 아름다운 고궁이 지척에 있음에 고마움을 느낀다.

(2015. 11)

가버린 철쭉을 기리며

봄이다. 봄날이다. 땅 속에서 잠자던 모든 만물들이 깨어나 해맑은 기운을 토해내는 4월이다.

겨우내 움츠리고 벌거벗었던 나무들은 연둣빛으로 온천지를 물들이고 산수유와 개나리가 나를 부른다.

우리 집 베란다에는 천리향, 긴기아난, 군자란, 춘란을 비롯하여 게발선인장까지 서로 앞 다퉈 꽃을 피우며 자태를 뽐내는데 꽃의 여왕으로 자태를 뽐내던 철쭉은 그 자취마저 찾을 길이 없다.

2000년 4월 어느 날 나는 서초동 꽃시장에서 철쭉 한 그루를 발견하고 일만 원 한 장을 주고 사왔다. 분갈이를 하여 베란다에 놨더니 집안이 온통 새봄 분위기로 확 바뀌었다. 철쭉은 해가 거듭할수록 잘 자라서 봄이 되면 가지마다 꽃봉오리를 맺고 예쁘고 우아하게 피어 행복감을 선사해줬다. 한 쪽은 하얗고 다른 한 쪽은 진분홍이다. 흰색은 흰색대로 순수하고 청초하고 차가운 듯 결백함을 나타내는데 진분홍은 진분홍색대로 화려하고 기품이 있으면서도 예쁘고 요염한 자태에 매혹적이기까지 하다.

한 그루에서 두 가지 색을 동시에 피우니 호기심을 발동시켜 이곳저곳에 사진을 퍼 나르게 만들었다. 겨우 1만 원짜리가 이렇게 훌륭한 꽃을 피우리라고는 상상도 못했었다. 15년을 한결 같이 화려하고 탐스런 꽃을 피워 내 사랑을 독차지했다. 그러던 2014년 여름 내가 여행 차 미국에 가서 20여 일 동안 머무느라고 화분들을 돌보지 못한 것이 화근이었다.

그 기간에 셋째 딸이 한 차례 물을 줬다고 한다. 그런데 20여 개의 화분 중 유독 철쭉만이 잎이 시들고 말라가더니 급기야 죽고 말았다. 얼마나 마음이 짠한지 안타까운 마음을 안고 화분에서 죽어가는 철쭉을 꺼내 아파트 단지 화단에 심고 아침저녁 물을 주고 영양제와 비료를 주며 지극정성 살려보려고 애썼지만 모든 것이 허사였다. 15년이란 시간 동안 내 손에서 정을 먹고 자란 철쭉은 냉정하게도 영영 내 곁을 떠났다.

지금도 베란다에는 여러 종류의 화분이 꽃을 피우건만 유독 나를 사로잡는 꽃은 없다. 친구도 여러 종류의 친구가 있지만 내 마음의 친구는 나를 알아주는 오래된 친구다. 그 친구는 오히려 나보다 나를 더 잘 안다.

내 눈빛, 내 목소리만 들어도 내 생각을 척척 읽어내는 친구다. 꽃도 마찬가지란 사실을 이번 봄을 맞이하여 처음 알았다. 15년을 함께한 철쭉은 봄이 오는 길목에서 피기 시작하면 만개가 될 때까지 흰색과 진분홍색의 화사한 빛깔로 나를 사로잡았다. 그 싱싱한 빛은 항상 봄의 찬란한 태양 빛으로 터질 듯한 행복감과 희망을 안겨주었다. 올해도 4월은 어김없이 왔는데 그 철쭉은 그림자도 찾을 길이 없다. 어디선가 꽃향기가 산들바람을 타고 코끝을 간질인다. 생물은 동물이나 식물이나 한번 밖에 살지 못하는 삶인 것을 알면서도 신화나 전설이 자꾸 내 눈을 혼란케 한다.

미안하다. 그리고 그동안 고마웠다. 너를 보낸 것이 내 잘못이다.

어쩜 나도 15년 후면 네 뒤에 서 있겠지….

나는 아직 못다 온 봄을 기다리며 아지랑이 속에 아른거리는 철쭉을 그려본다. (2015. 4)

4.

바람이 불면

은빛 미소

억새꽃이 만발한 하늘공원을 찾았다. 바람에 나부끼는 억새가 은빛 미소로 반긴다. 바람이 불 때마다 은빛 물결이 출렁인다. 억새꽃들의 하늘거림에 이끌려 정신없이 걸었다. 억새꽃이 춤추는 장단에 맞춰 따라가니 완전한 미로다. 억새꽃이 산 전체를 덮고 있는 모습은 산이 아니라 이름 그대로 하늘과 맞닿아있는 공원이다. 나무 한 그루 없이 온통 억새꽃만이 모여 은빛 무늬로 반짝반짝 빛을 발하며 축제를 열고 있다.

서울 근교에 이렇게 넓은 억새밭이 있다니 도통 믿어지지 않는다. 황무지 같이 쓸모없이 버려진 쓰레기 매립지였던 둔덕진 곳이 생태공원으로 탈바꿈하여 천상 같은 아름다운 공원이 됐다. 쓰레기는 썩고 썩어 흙이 되고 그 흙에 풀과 나무가 자라 우리에게 돌아왔다. 바람이 불 때마다 쓰러질 듯 연약하게 보였던 식물이 자기들끼리 한데 뭉치니 거대한 풍경으로 풍만한 아름다움을 선사한다.

탐스럽게 보이는 억새꽃들은 여름에는 자색을 띤 황갈색 꽃을 피워 시원함을 선사하고 가을엔 억새꽃밭을 이루어 평화의 노래로 깊어가는 가을을 잊게 한다. 잎이 떨어지는 가을은 어쩐지 허전하고 서글픈데 평화를 구가하는 그들의 몸짓에 행복을 느낀다.

억새꽃에서 편안함을 느끼는 것은 철없던 어린 시절 비슷한 또래끼리 손에 손잡고 함께 뛰놀던 추억이 있기 때문이다.

발길을 옮기니 코스모스 꽃밭이 길게 펼쳐져있다. 바람결에 한들거리는 코스모스가 장관이다. 코스모스 한 송이를 손가락 끝으로 냄새를 맡았다. 가을 향기가 물씬 온몸을 감싼다. 코스모스와 억새꽃 그 어우러짐이 너무나 환상적이다. 세상 사람들도 비슷한 사람끼리 더불어 살면 계층 간에 갈등이 없어져 아름답고 평화로운 사회가 될 것 같다.

함께 온 일행들은 사진 찍기에 여념이 없다. 추억은 사진에 담기보다 가슴에 새겨야 한다. 이 아름다움을 온전히 마음에 새기고 싶어 눈을 감았다. 왁자지껄하는 소리에 눈을 떴다. 많은 사람이 모여 있다.

사발모양의 전망대다. 작은 철판과 쇠밧줄로 빙빙 돌아가며 얼기설기 벽을 만들어 놓았다. 숭숭 구멍이 뚫린 벽의 난간을 따라 돌고 있는 사람들. 젊은 남녀가 사랑의 자물쇠를 매달기 위해 앞 다투어 길게 늘어서 있다. 사랑을 자물쇠로 잠가 놓는다고 잡아 가둘 수 있는가. 속박된 사랑은 진정한 사랑도 아니고 오래 가지도 못한다.

사랑은 자연스럽게 서로 끌려야 꽃을 피우고 열매를 맺는데 기분에 들떠 괜히 힘만 빼고 있는 것은 아닌지… 혼자 뇌까려 본다.

저녁 해넘이가 시작되는 순간 하늘이 주홍색으로 물들고 있다. 지는 해의 무늬가 수채화 같다. 은발을 휘날리며 억새꽃과 친구가 되어 술래잡기를 하다 보니 꼭 천상에 와 있는 듯싶다. 얼마나 지났을까. 일행이 보이질 않는다.

한참을 망설였다. 이제 여기서 헤어지자고 가만히 인사를 건넸다.

바람 부는 언덕에 억새와 코스모스가 내년에 또 보자고 손을 흔든다.

(2015. 11)

시간을 셈한다

햇살이 따뜻한 창가에 앉아 커피를 마시며 건너편 용마산을 바라본다. 산이 뚜렷이 보이는 것이 오늘은 날씨가 좋을 것 같다. 날씨가 좋으면 하루 종일 즐겁고 유쾌하다.

사노라면 하루 24시간이 다 즐거울 수가 없다. 그중에서도 즐거운 시간은 얼마나 될까 생각해본다.

하루란 종일이란 뜻이며 지구가 한 번 자전하는 시간이며, 밤과 낮이 한 번 순환하는 24시간이다. 유구한 역사도 이 하루의 연속이고 반복이다. 시간이란 어떤 시각과 시각과의 사이이며 또는 하루 24분의 1이 되는 60분을 말한다.

어느 날은 시간을 어떻게 보냈는지조차 모르고 얼렁뚱땅 지나갈 때도 있다. 나는 대략 잠자기 전 1시간 정도는 하루일과를 되돌아보며 자성과 묵상의 시간을 보낸다. 처음에는 쉽지 않았지만 1년 동안 하다 보니 이제는 자연스러워졌다. 누군가와 약속을 하면 철저하게 지키는 것은 내 시간을 효율적으로 활용하고 남의 시간을 빼앗지 않기 위해서다.

하루 24시간을 사용 유형별로 분류해보면 잠자기 6~7시간, 식사 2~3시간, 취미활동 및 명상 3~4시간, 각종 모임 참석 4~5시간, TV와 놀아주기 2~3시간 등 대략 21~22시간이며 나머지 2~3시간은 의미 없이 허비하는 것 같다. 문제는 이 시간을 '어떻게 소비하느냐'인데 그중에서 황금 같은 1시간이 만들어진 것은 대단한 수입이다. 사실 시간은 무한정으로 주어지는 공급이 아니라 수요이다. 공급과 수요는 경제용어이지만 우리가 사용하는 시간에 적용해보면 아주 쉽게 이해할 수 있다. 공급이란 요구나 필요에 따라 물품 따위를 제공하는 것이며 또한 교환이나 판매 목적으로 시장에 재화나 용역을 제공하는 것이다.

수요는 어떤 재화나 용역을 일정한 가격으로 사려고 하는 욕구를 말한다. 우리는 시간의 소비자로 살아간다. 시간은 무한대로 주어진 것이 아니라 한정되어 있다.

우리에게 주어진 하루를 어떻게 소비하느냐에 따라 삶이 완전히 달라진다. 소비란 돈, 물건, 시간, 노력 등을 써서 없애는 것이며 또한 욕망을 충족시키기 위해서 재화를 소모하는 일이다.

예를 들면 만원(10,000원)을 가지고 어떻게 사용하느냐에 따라 1만원의 가치가 달라진다. 극장에 가서 영화 1편을 보고 아이스크림을 사먹어도 되고 시장에서 계란 10개(5,000원), 두

부 한모(2,000원), 시금치 1단(1,500원), 애호박 1개(1,500원)를 사면 하루의 식단을 잘 해결할 수 있듯이 시간도 어떻게 소비하느냐에 따라 그 가치가 다르다. 즐거움을 누리기 위해서는 매사를 긍정적으로 받아들이면 여유로워지고 즐겁다.

나는 요즈음 생활이 많이 바뀌었다. 필요하지 않는 것에는 욕심을 내지 않는다. 연잎이 필요한 물만 받고 나머지 물은 버리듯 그런 생활을 몇 년 하다 보니 소소한 것들이 좋아졌다.

날씨가 좋은 날은 산책을 한 시간 더 늘리고 비 오는 날은 짜증스럽게 질퍽거리고 다니기보다는 빗방울 소리를 생명의 소리로 들으며 빗속을 걷고 있다고 생각하면 즐겁다. 차를 마시며 사색을 하고 길섶의 작은 돌멩이나 들풀과도 대화를 나눈다. 때때로 독서를 하고 글을 쓰고 음악을 들으니 안정감이 배가 된다. 작은 것에 즐거움을 느끼니 스트레스를 받지 않는다. 이런 생활을 할 수 있는 것은 의식주가 편안하고 자녀들이 제 몫을 잘 감당하기에 가능하다.

즐겁다는 것은 인생의 한 과정이다. 내가 산다는 것이 전적으로 내 몫이듯이 '시간을 어떻게 소비하느냐'도 자신의 몫이다. 시간은 서두르지 말고 차근차근 써야 내 것이 된다.

내가 만약 88세까지 살 수 있다면 앞으로 12년을 사는 셈이다. 12년간 1시간씩이면 4,380시간이다. 1일 3성은 힘들어도 잠들기 전 1시간씩 사색과 자성의 시간을 갖게 된다면 얼마나 즐겁고 감사하랴.

(2017. 11)

찻잔의 여운

차 한 잔의 시간은 명상의 시간이다. 차 한 잔을 마시니 정신이 맑고 몸이 가볍다. 은은한 향이 입가에 맴돌고 향긋한 녹차가 온몸에 퍼진다.

차는 천천히 그 맛을 음미하면서 오감으로 마셔야 그 깊은 맛을 알 수 있다. 좋은 차의 향기는 깊은 맛과 기품을 간직하고 있어 오래도록 여운을 남긴다. 녹차 중에 제일은 곡우 전에 따는 우전차와 작설차를 으뜸으로 친다.

청록색 찻잔에는 한국의 가을하늘과 사군자인 국화나 동양란을 그려 넣어 우리의 멋과 맛을 표현하고 있다.

난 녹차를 마실 때면 가끔 아버지가 생각난다.

선친께서는 평생 선비의 자세로 조금도 흐트러지지 않고 사신 분이다.

한학자로서 『논어』와 『맹자』뿐 아니라 『시경』, 『서경』, 『역경』까지도 통달하신 덕망과 명망을 겸비하신 분이셨다.

세월은 흘러도 아버지가 보고 싶은 것은 천륜의 피로 묶였기 때문이다.

지난날 아버지께서는 녹차를 한 잔씩 마시고 난 후 『주역』을 읽으시며 괘(卦)를 한 번씩 떼보기도 하셨는데 그때 나는 주역에 대하여 잘 알지 못했었다.

『주역(周易)』이란 주나라 시대의 역서(易書)이다. 역이란 말은 변역 즉 '바뀐다', '변한다'는 뜻이다. 천지만물이 끊임없이 변화하는 자연현상의 원리를 설명하고 밝힌 것이 역이다. 역에는 3가지 뜻이 있는데 간역(簡易), 변역(變易), 불역(不易)이다. 간역이란 천지자연의 현상이 끊임없이 변하나 간단하고 쉽다는 뜻이고, 변역이란 천지만물은 멈추어 있는 것 같으나 항상 변하고 바뀐다는 뜻이며 불역이란 모든 것은 변하고 있으나 그 변하는 것은 일정한 법칙에 따라서 변하기 때문에 그 법칙은 영구불변하다는 뜻이다. 『주역』은 음양의 이원론으로 되어 있으며 이 원리를 인간의 삶에다 비교, 연구해서 밝혀놓은 것이다. 동양철학의 진수인 주역은 덕(德)을 목적으로 하며 지식은 행동하기 위한 방편으로 본다. 이런 철학의 원리를 담고 있기 때문에 주역을 알면 겸허해진다. 주역을 점치는 책으로 알고 있는 것은 주역의 구성이 팔괘(八卦), 육십사괘(六十四卦), 그리고 괘사(卦辭)와 효사(爻辭), 십익(十翼)으로 되어있기 때문이다.

즉 간단히 설명하면 태극(太極)이 변해서 양(陽)과 음(陰)으로 음양이 다시 변해서 팔괘(八卦: 건乾-하늘, 부친-, 태兌-못, 소녀-, 이離-불, 중녀-, 진震-우레, 장남-, 손巽-바람, 장녀-, 감坎-물, 중남-, 간艮-산, 소남-, 곤坤-땅, 모친-)가 된다. 이 팔괘만 가지고는 천지자연의 현상을 표현할 수 없어 팔괘를 변형하여 64괘를 만들고 괘사와 효사를 붙여 길흉을 나타낸다. 효는 괘의 음양을 나타내는 부호이고 이 효가 셋이 모인 것이 소성괘(小成卦), 소성괘가 두 개 모인 것이 대성괘이다. 십익(十翼)이란 새의 날개처럼 돕는다는 뜻이다.

점(占)이란 팔괘, 육효 따위의 방법으로 앞날의 운수나 길흉화복 등을 미리 판단하는 일인데 주로 심신이 불안할 때 위안을 얻고자 치는데, 거기에 나오는 괘를 참고로 하는 것은 좋으나 무조건 믿으면 안 된다.

차를 마시면 차분해지고 여유롭다. 나를 돌아보며 천천히 나갈 수 있는 여유로움이 이제 많이 자리를 잡아가는 것 같다.

늦깎이로 수필가가 되어 글 쓰는 재미가 쏠쏠하다. 늦게 시작했지만 삶의 통찰을 통해 좋은 글을 쓸 수 있으면 좋겠다. 겸손한 미덕은 좋은 차의 향기와 같다.

청명과 곡우 사이에 딴 차잎을 우려낸 차 맛은 떫은맛이 없고 향긋한 냄새가 입안에서 오래도록 돈다. 차(茶)문화는 여가문화다.

서양이 커피문화라면 동양은 차문화이다. 중국은 보이차, 일본은 녹차가 유명하며 전통적 윤리교육이나 정서함양에 다도(茶道)는 명상과 함께 필수코스인데 우리나라는 아쉽게도 뚜렷하게 내세울 것이 없어 안타깝다.

차는 신라 선덕여왕 때 당나라에서 처음 들여왔고 흥덕왕 3년(828년) 김대렴이 당나라에서 차나무를 가져와 왕명으로 지리산 줄기에 처음 심은 것이 차 재배의 시작이었다. 지금도 쌍계사 주변에는 야생 차밭이 많다. 봄날 윤기가 자르르 흐르는 연둣빛 차잎은 생명의 희열을 안겨준다.

다시 한 번 녹차를 천천히 마신다. (2017)

핸드폰이 필요해

큰아들의 초청을 받고 미국 로스앤젤레스 공항에 도착했다. 수속을 마치고 나갔는데 아들의 얼굴이 보이질 않는다. 순간 가슴이 철렁한다. 핸드폰을 집에서 가지고 오지 않았는데 아들과 연락할 방법이 없다. 공항요원에게 공중전화 있는 곳을 알아내 통화를 시도했지만 번번이 헛수고다. 마음이 조여 오고 등에서는 진땀이 난다. 겨우 짧은 영어로 미국인에게 다가가서 "미안하지만 아들에게 전화를 해줄 수 있느냐?"고 부탁했더니 기꺼이 받아주어 통화가 됐다.

아들이 화가 많이 났다. "왜 핸드폰을 안 가지고 와서 놀라게 하세요? 핸드폰 없이는 움직일 수도 없는데…. 여기가 한국인 줄 아세요. 오늘 국제회의가 길어져서 늦게 떠났는데 러시아워까지 겹쳐 20분은 더 기다려야 해요." 한다. 많이 걱정했을 아들에게 미안하다. 아들과 통화를 할 수 있도록 배려한 미국인의 친절에 감사의 인사를 건넸다. 20분이 되기 전 아들이 도착했다. 얼마나 반가운지 미아가 부모를 만나는 심정이다. 이제는 내가 보호자가 아니라 아들이 내 보호자다. 식당에서 저녁을 먹고 아들네 집으로 향했다. 어바인(irvine) 구획정리가 잘 된 살기 좋은 주택가다. 2층의 넓은 거실에서 아들과 함께 포도주를 들면서 담소를 나눴다. 며느리는 손주의 학교와 본인의 직장관계로 한국에 있다. 그곳에서 아들과 함께 마트에도 가고 피클도 담그고 바닷가의 멋진 분위기 좋은 식당에서 외식을 하고 그리피스 천문대도 구경했다. 미국인과 직접 대화를 해보겠다고 핸드폰을 가지고 오지 않은 것을 후회했다. 아들이 핸드폰을 준비해주면서 "우선 쓰시다가 재영(큰아들의 딸)이가 오면 그 애한테 주세요." 한다. 그리고 미국 서부 일대의 3박 4일 일정의 여행상품을 마련해 준다.

다음날 황량한 사막 한가운데 세워진 별천지 같은 화려한 밤의 도시 라스베이거스에 도착했다. 듣던 그대로 쇼의 도시, 오락의 도시다.

호텔 앞 가게에서 줄서서 먹던 천연의 아이스크림은 지금도 군침을 돌게 한다. 아침 일찍 라스베이거스에서 관광버스로 5시간 만에 그랜드캐니언 빌리지 이스트에 도착하여 예약된 식당에서 두툼한 스테이크와 감자 요리와 빵을 곁들여 식사를 했다. 쇠고기는 육즙이 풍부하고 양이 많다. 감자도 맛이 있다. 갓 볶은 커피의 향은 피곤을 깨우고 정신을 맑게 해준다. 그랜드캐니언! 그 얼마나 보고 싶었던 곳인가.

세계 자연유산으로 지정된 곳으로 세계 7대 자연경관이자 많은 여행전문가들이 죽기 전에 꼭 가봐야 할 곳으로 꼽는 곳이다. 지구의 신화를 고스란히 안고 있는 듯한 신비스러운 곳. 강렬한 오후의 햇빛에 붉은색으로 뒤덮여 더욱 붉게 보이는 끝없이 이어진 바위산의 경관은 감탄사가 저절로 연발된다. 그 밑으로 굽이쳐 흐르는 콜로라도강의 도도한 모습, 록키산맥에서 발원한 강은 수백만 년의 세월에 걸쳐 카이바이 고원을 침식해 만든 거대한 계곡을 따라 흐른다.

웅장한 협곡은 마치 거대한 미로를 방불케 하며 보는 이의 시선을 단번에 압도한다. 계곡 바닥에서 바위산 정상까지는 2㎞가 넘는 고지다. 바라보는 각도에 따라 바위와 하늘색이 시시각각으로 변하여 요술나라에 온 착각을 일으킨다. 계곡 아래에는 오아시스 인디언 가든(indian garden)이 있고 콜로라도강에 걸려있는 현수교도 보인다. 독특한 형태의 쿠프의 왕 피라미드(cheops pyramid) 바위산은 아메리카 원주민인 호피족의 이름을 딴 것이라고 한다.

그랜드캐니언이 유명한 이유는 엄청난 규모와 아름다움 뿐 아니라 지질학적으로 지구의 역사를 알려주는 장소이기 때문이란다. 수억 년에 걸쳐 만들어진 지구의 나이테를 한눈에 볼 수 있는 이곳은 살아 숨 쉬는 인류 역사의 산 교육장이다. 태양이 서쪽으로 기울자 협곡에 형성돼있는 크고 작은 구릉과 산이 긴 그림자를 만들면서 환상적인 풍경을 만들어낸다.

피곤하고 뻑뻑했던 눈이 드디어 빨갛게 터졌다. 백내장 수술을 하고 5년이 지나야 남극과 북극, 또는 사막지대에 갈 수 있다고 했는데 수술한 지 2년 만에 너무 무리를 했더니 섭씨 36℃의 뙤약볕에 견디기가 어려웠었나 보다.

피곤한 눈을 잠깐 붙이고 다음 날 새벽 광대한 산악공원인 요세미티국립공원으로 향했다. 빙하가 빚어낸 계곡과 크고 작은 폭포들이 그림처럼 펼쳐져 물보라를 일으키며 떨어지는데 2㎞지점에서 바라보는데도 그 힘을 실감할 수가 있다.

또한 암벽등반가들의 사랑을 받고 있는 엘캐피턴 하프돔은 마치 대접을 반으로 쪼개 놓은 듯하다. 이곳 생태계를 제대로 감상하려면 일주일 정도는 걸릴 것 같다.

산림 속 호텔에서 푹 자고 나니 생기가 돌고 몸이 한결 가볍다. 상쾌한 아침이다.

마지막 일정길에 나섰다. 웅장하면서도 아름답고 진한 주황색의 금문교를 지나 광활한 농토를 한 바퀴 돌고 포도 농원의 생산지인 나파밸리에서 와인을 시식했다. 와인을 한잔하니 역시 기분이 좋다. 시내에서 전차 같은 케이블카도 탔다. 이국적인 언덕의 도시 샌프란시스코다. 유람선을 타고 바다 가운데 떠있는 전설의 감옥 알카트라즈섬을 관광했다. 이곳은 샌프란시스코가 눈앞에 보이지만 갈 수 없는 비극을 안고 있다. 오수를 즐기는 바다사자들의 무리를 보았다.

꽃길을 걸으며 시내를 한 바퀴 돌아보는 가운데 저녁 해가 서해 바다로 숨어버린다.

일행들과 석별의 정을 나눈 후 샌프란시스코에 살고 있는 둘째 딸네 집을 방문하기 위해서 큰아들과 만났다. 이번처럼 핸드폰의 필요성을 절감해보기는 처음이다.

설렘과 기쁨을 안고 둘째 딸네를 찾았다.

(2014. 7)

임시정부 청사를 보며

2013년 9월 18일 오후, 상하이 외곽 한 귀퉁이에 서 있는 임시정부청사를 찾았다. 보는 순간 왈칵 눈물이 솟고 가슴이 미어지는 듯 아프다. 일제치하의 뼈아픈 날들이 필름같이 다가온다.

빼앗긴 조국의 독립을 위해 사선을 넘고 넘으며 몸과 마음을 바쳐 오직 잃어버린 조국을 찾겠다는 일념으로 살아온 애국지사들….

백범 김구 선생님을 비롯한 독립투사들의 얼굴이 스친다.

대한민국 임시정부 청사가 1919년 4월 13일 상하이에 처음 설립된 지 94년이 지났다. 그동안 한중관계가 정상화되지 못해서 우리 학자들이 상하이 현지에 갈 수도 없었고 자료 발굴조사에도 엄두를 내지 못하다가 1992년 8월 24일 한중이 정식으로 국교를 맺고 나서 새로운 장이 열렸다.

우리는 오늘의 역사를 인식할 줄 알아야 한다. 역사를 배우는 것은 과거와 같은 잘못을 되풀이하지 말자는 것이다. 국권이 없는 국민의 비참함은 부모 없는 어린아이와 같은 신세다.

국가의 존재는 독립된 국가로서 그 역할을 다할 때 가치가 있다. 주권 없는 국가의 국민으로서 영토마저 일제의 침략으로 빼앗기고 동가식서가숙 유랑하며 지냈던 선조들의 삶이 자포자기에 가까웠으리라 짐작된다.

해방된 지 68년이 넘었다. 일제에서 해방된 후 우리의 독립을 우리 힘으로 쟁취하지 못했기에 아직도 분단의 아픔을 안고 있다.

이곳이 임시정부가 13년 동안 상하이에서 활동하며 절반의 시간을 보낸 곳이다. 1919년부터 상하이 여러 곳을 전전하며 집무실을 옮겨 다니던 임시정부는 이곳 마당로 보경리 4호에 3층 건물을 임정청사로 삼았다. 1926년 12월부터 1932년 5월까지 이곳에서 중요한 일을 두 가지 해냈다.

첫째는 정부의 조직형태를 재건하여 한국 독립당을 조직한 일이고, 둘째는 김구 등이 한국 애국단을 결성하여 적극적으로 반일 애국 투쟁을 전개했던 점이다. 애국단의 목적은 일본군의 수뇌부들을 암살하는 것을 주임무로 하고 있었다. 어느 조직이고 중심체가 없으면 와해되는데 임시정부가 청사도 마련하고 조직도 강화했다는 것은 장한 일이다.

1932년 1월 이봉창 의사가 일본 도쿄에서 일본 천왕의 암살을 기도했건 일을 시작으로 1932년 4월 29일 윤봉길 의사가 홍구공원에서 일본의 천장절날 폭탄을 투척하여 일본의 사령관 시라카와 대장 등을 폭사시키고 많은 일본 관원에게 사상을 낸 사건은 중국은 물론 전 세계에 엄청난 반향을 불러일으켰다. 이때부터 중국의 국민당 수뇌부도 임시정부에 관심을 갖게 되어 광복투쟁을 지원하고 지지하기 시작했다. 우리의 자존심인 윤봉길 의사를 중국인들도 애국열사로 기억하고 있다.

홍구공원(루신공원) 내에는 윤봉길 의사를 기념하는 2층 기념관이 있다. 매정(梅亭)이란 현판이 붙어있는 1층에는 윤의사가 사용하던 유품이 전시되어 있다. 윤봉길 의사의 의거 이후 상하이 임시정부가 애국투사들의 집결지가 되고 구심점으로 자리매김 하였다.

1990년 한국정부의 임시정부 유적지 조사단은 상하이 마당로 306로 4호가 보존가치가 충분함을 확인했다. 1992년 이곳을 복원하여 그 시절의 사무용품과 생활용품을 수집하여 정리해 놓았다고 한다.

현재는 대지 114㎡, 건평 102㎡로 되어 있으나 실평수는 78㎡이다. 진열구조는 1층에는 회의실과 주방, 2층은 집무실, 3층은 침실 및 청사자료실로 독립운동 열사들의 사진과 태극기가 벽에 붙어있다.

이곳에서 임시정부 청사의 역사적 의미를 재조명해본다.

"역사를 잊은 국민에게 미래는 없다."는 신채호 선생님의 말뜻을 되새기며 역사는 과거가 아니라 오늘이며 미래라고 확신한다.

오늘의 삶이 과거에 뿌리를 두고 있듯이 미래도 오늘로 연결되어 있음을 잊어서는 안 된다.

(2013. 9)

무릉도원에서

드디어 장가계에 도착했다.

유람선을 타고 보봉호와 황룡동굴을 돌아볼 때까지는 날씨가 쾌청했는데 안개가 자욱하다. 천자산 자연보호구에서 하룡공원의 전망대까지 케이블카로 올라갔다. 안개와 구름이 벗겨지니 그 신비한 절경에 그저 놀라울 뿐이다.

푸르고 수려하면서도 울창한 산, 가슴이 시리도록 맑은 공기 별천지에서만 맛볼 수 있는 진수이다. 세상의 번뇌가 일체 범접할 수 없을 듯하다. 깊고 깊은 첩첩산중에 앉아 있으니 마치 도인이 된 느낌이다. 여기가 장량이 황석공 병법을 터득했던 곳이며 아이러니하게도 다시 숨어 지냈던 곳이라니….

장량(張良:?~기원전 186년)은 한나라 개국공신이며 지략가로 황석공 병법을 터득한 인물이다. 진시황이 죽고 유방이 한나라를 건국할 수 있었던 것은 방안에서도 천리 밖의 승패를 꿰뚫어 맞힌다는 지략가 장량의 조언을 따랐기에 가능했다고 사기에 기록되어 있다. 그는 한고조(漢高祖) 유방으로부터 자방(子房)이란 별호까지 받았다고 한다. 그 후 같은 지략가인 한신으로부터 중상과 모략을 받아 피해서 숨은 곳도 이곳이라니 인생사 새옹지마이다. 혹 토사구팽은 아니었던가 살펴볼 필요가 있다.

장량이 황석공이라는 노인에게 받았다는 태공망의 병서가 『육도·삼략』 중 「삼략」이다. 유학의 사서3경처럼 병가에서는 군사학의 1급 경전인 '무경칠서'가 있는데 이것이 바로 『육도·삼략』이다. 병가에서 용병술을 가르칠 때 '도략(韜略)'이라고 하는데 이는 육도삼략의 줄인 말이다.

나는 초등학교 때 『삼국지』를 읽으며 지략가가 되어 우리나라 통일에 일조를 하고 싶었다. 40세 때 『육도·삼략』을 읽으면서 언젠가 한 번 장가계를 방문하고 싶었는데 25년이 지난 오늘에야 태고의 신비를 맛보며 공기를 마시니 감개가 무량하다. 이곳은 태산의 웅장함과 기이함, 그리고 수려함을 함께 지니고 있어 천하제일경임을 드러내고 있다. 역시 세상에서 최고의 걸작품은 자연이다. 태고의 원시림을 자연 그대로 보존하고 있는 곳, 십리화랑 입구에서 바라보니 수직으로 솟구친 바위기둥들이 갖가지 모양으로 자화상을 뽐내고 있다. 한마디로 천하의 만물상이다. 이 돌들은 모두 석영사암으로 봉우리가 무려 3,100여 개나 된다고 한다. 그 신비함은 기암괴석으로 장엄한 풍광을 연출한다. 산이 높으면 골짜기는 언제나 깊고 길다. 맑고 상쾌한 공기 속을 모노레일을 타고 즐거움 속에 5.8㎞를 달렸다. 버섯전골로 점심을 먹은 후 천자산에 올랐다. 사방이 기암절벽의 절경이다. 높이 326m의 엘리베이터를 탔다. 세상에서 제일 높고 가장 빠르며 제일 크다는 중국이 자랑하는 백룡천제다. 과연 중국인의 솜씨는 자랑할 만하다. 중국이 이런 빼어난 절경을 소유하고 있으니 동양 최고의 사상가인 공자와 노자를 배출시켰다. 중국에서 「주역」이 나온 것도 자연환경과 무관치 않다. 그들은 황하유역에서 매우 정교한 통찰력으로 「주역」을 만들어 우주를 관측하고, 날씨와 계절을 살펴 달력을 만들어 농사를 짓고, 천(天), 지(地), 인(人) 합일사상과 자연관을 갖고 인간도 자연의 하나임을 밝혔다.

설레는 가슴으로 중국의 역사를 돌아보며 인간도 자연의 한 부분임을 음미해본다. 자연의 기가 온전히 느껴지는 이곳에서 태초에 생성된 산소를 마음껏 마시며 그윽한 비경에 빠지니 마치 신선의 경지에 다다른 듯싶다.

선경의 절경을 인공으로 다듬고 케이블카를 만들어 자연과 연결시킨 그들의 노력이 놀랄 만하다. 만약 엘리베이터가 없었다면 내가 어찌 오늘 같은 호사를 누릴 수 있었을까.

태초에 자연이 숨 쉬고 있는 무릉도원에서 시공을 제공받으니 한없이 행복하다.

(2008. 7)

스페인을 찾아서

오랫동안 가보고 싶은 곳을 찾아 떠난다는 것은 큰 설렘이다.

이번 여행지는 유럽 서남쪽 이베리아 반도에 위치한 정열의 나라 스페인이다.

유럽은 수세기 동안 가톨릭문화가 지배해 왔기 때문에 어디를 가나 성지를 순례하는 느낌이다. 거기에 그리스 로마 신화가 배경을 깔고 있다.

첫 번째 찾은 곳은 마드리드의 프라도미술관이다. 소장품은 중세부터 18세기에 이르는 에스파냐 및 유럽 여러 나라의 회화에 중점을 두고 그중에서도 엘그레코, 벨라스케스, 고야 등 3대 거장의 작품이 주를 이룬다. 프란시스코 고야는 스페인을 대표하는 낭만주의 화가이며 판화가로, 독창적이며 반인습적이고 비합리적인 표현은 20세기 표현주의와 초현실주의 화가들에게 큰 영향을 주었다. 그의 작품에는 역사적인 사건과 왕정의 몰락 등을 통해 사회에 대한 냉소와 권력에 대한 저항의식이 강하게 내포되어 있다. 장기간의 투병으로 인해 청각을 잃었지만 사교적인 성격으로 아카데미 회원과 궁전 화가를 지냈다. 초기에는 밝고 화려한 작품과 왕족과 상류사회계층의 초상화를 그렸으나 중병을 앓고 수차례의 전쟁을 겪으며 인간의 잔혹함까지 목격한 후 어둡고 악마적인 분위기로 변했다. 끔찍할 만큼 인간의 광기와 탐욕을 그대로 보여주며 인간의 내면에 감추어진 선과 악의 이중성을 잘 나타내고 있다.

발길을 옮겨 한눈에도 중세풍이 물씬 풍기는 톨레도를 찾았다. 천년의 고도로서 중세도시의 모습을 잘 간직하고 있다. 톨레도 성당은 프랑스 고딕양식으로 장엄하고 고전적인 아름다움을 풍긴다.

항공편으로 바르셀로나에 도착, 1992년 바르셀로나 올림픽 마라톤 금메달리스트 황영조 선수의 동상 앞에서 국위선양을 해준 그에게 잠시 감사를 표했다. 그러나 애국가를 작곡한 안익태 선생에 대해서는 안내원이 잘 모른다고 하여 아쉬움을 뒤로했다. 구시가지는 스페인의 역사적인 건축물이 고스란히 남아있다. 신시가지는 바르셀로나의 상징이라 할 수 있는 천재 건축가 가우디의 대표작품인 성가족 성당(사그라다 파밀리아 성당)이 미완으로 남아있는 곳이다. 그의 작품은 자연에서 모티

브를 얻어 건축이라는 새로운 창조물로 표현해낸 작품들이다.

외부의 건축물도 훌륭하지만 내부는 온통 스테인드글라스다. 스테인드글라스는 단순한 장식이 아니라 창문을 통해 들어오는 다양한 빛이 사람의 심리에 영향을 미치기 때문에 영혼에 울림을 주는 예술이라고 한다. 이 성당 안에는 그의 묘소가 안치되어 있다.

구엘공원은 인위적이지 않고 자연미를 살린 모자이크 분수와 구불거리며 물결치는 형태의 세라믹 타일 벤치가 인상적이다. 공원의 정상에서 바라보는 바르셀로나 전경은 정말 아름답다.

기차를 타고 몬세라트 수도원의 검은 성모상을 찾았다. 몬세라트는 깎아지른 듯한 기암절벽 위에 수도원을 세웠으니 가톨릭의 위상과 믿음은 절대적이겠으나 건설노역에 동원됐던 백성들의 애환은 어떠했을까 가히 짐작케 한다.

이동하여 그라나다의 알함브라 궁전을 방문했다. 가톨릭 국가인 스페인에 이슬람 건축물의 걸작인 이슬람 사원이 원형 그대로 보전되어 있어 호기심을 자극한다. 마지막 이슬람 왕국 그라나다의 궁전인 알함브라는 1984년 유네스코 세계문화유산에 등재되었다. 스페인문화는 흔히 이슬람문화와 가톨릭문화의 융합이라고 말하지만 유일신을 숭배하는 가톨릭에서 정교(정치와 종교) 일체인 이슬람 사원을 보전시킨 것은 혁명적인 발상이다. 그라나다는 8세기 이후 점점 번영을 누리며 화려한 이슬람문화의 꽃을 피워 약 800년간 지속하다가 1492년 멸망했다. 스페인에 큰 영향을 미친 이슬람문화의 대표적인 알함브라 궁전은 건축과 연못, 정원 등이 이슬람문화의 흔적을 아직까지 잘 간직하고 있다.

알함브라 궁전은 벽면에 철분이 많이 포함되어 붉은색을 띠고 있어서 아랍어로 '붉은 성'이란 뜻이다. 가톨릭 국가 스페인에서 이슬람 문화를 제대로 볼 수 있는 것은 이번 여행의 진수다.

일정에 따라 말라가에 도착했다. 일조량이 풍부하고 휴양도시답게 밝은 분위기를 자아내고 있다. 이곳은 오렌지와 해산물이 풍부하다. 오렌지는 과즙이 풍부하고 맛이 달고 싱그럽다. 그리고 파에야(스페인식 볶음밥)는 싱싱하고 풍부한 해산물의 맛이 그대로 살아 있어 이곳이 해양도시임을 증명하고 있다. 신선하고 맑은 공기와 푸른 바다, 하얀 집과 요트는 평화로움 그 자체다. 이곳 사람들의 느림과 여유로움에서 삶의 진가가 읽어진다.

'누구를 위하여 종을 울리나'의 촬영지 론다를 거쳐 세비야에 도착했다.

스페인에서 제일 큰 세비야 성당은 세계 3대 성당의 하나로 고딕과 신고딕 르네상스 양식이 섞여 있다. 유럽의 성당 대부분이 왕들의 유해와 영웅들의 유해가 안치되어 있는 것과 같이 이곳 성당에도 산페르난드 왕과 이사벨 여왕 부부와 콜럼버스 묘소가 있다.

이 부부왕은 이슬람교도들로부터 스페인을 되찾고 스페인을 공동 통치하였다. 이 부부왕은 스페인의 국토통일과 종교통일과 정치적 통일까지 완성했다.

스페인을 통일시킨 통치자 이사벨 여왕은 강한 신념과 정확한 판단력으로 세계의 역사와 지도를 바꿔놓은 혁명적 사고를 가진 용기 있는 여왕이다. 콜럼버스를 지원하여 신대륙을 발견하여 세계지도를 바꾼 것이다.

대성당 옆의 히랄다 종탑은 12세기에는 이슬람모스크의 첨탑이었는데 16세기의 가톨릭교도들이 모스크를 없애고 남겨진 70㎝ 높이의 상부 종루 부분에 모형물을 덧대어 지금의 모습이 되었다고 한다.

정사각형 탑의 내부는 전망대까지 계단으로 되어있는 것이 아니라 경사면으로 이루어져 오르기가 쉽다.

나는 우리 일행 중 제일 먼저 종탑에 올라가 시내를 내려다봤다. 탑에서 바라보는 풍경이 마치 중세의 유럽을 보는 듯하다. 우리 일행 중 일등으로 오르다니 아직은 건강하다는 증거다. 80세까지는 1년에 두 번은 해외여행이 가능할 것 같다.

70유로로 플라밍고 공연장을 찾았다. 세계 무형문화유산으로 등록된 스페인의 민속예술 집시들의 춤을 관람하며 아름다운 스페인의 마지막 밤을 보냈다. 이번 스페인 여행은 스페인의 북쪽지방의 소도시를 빼고는 거의 다 돌아본 셈이다. 스페인은 여유롭고 평화가 숨 쉬는 곳이다. 한국보다 GNP는 높은데 물가는 한국의 절반 가격이다. 인구는 한국과 비슷한데 영토가 넓어 사는데 아등바등하지 않고 여유 있게 살아가는 모습이 좋아 보인다.

(2017. 3)

연변을 다녀와서

중국 연변과학기술대학의 초청을 받고 2006년 늦가을 연길공항에 도착했다. 연길공항은 작고 단조롭다. 수속을 마치고 기다리던 자동차에 올랐다.

10월인데도 날씨는 춥고 하늘은 회색빛을 띠고 있다. 흡사 우리나라의 70년대 초 생활상을 엿보이게 한다.

다음날 학교에서 제공해준 자가용으로 주변을 둘러봤다.

우선 두만강에 도착하여 흐르는 강을 바라보니 생각보다 강폭이 좁고 강물은 황토색에 가까우며 깊지가 않다. 바로 건너다보이는 북한을 보기 위하여 전망대에 올랐다. 산은 온통 벌거숭이인 데다 집은 루핑이나 다 벗겨진 양철지붕으로 헐벗고 굶주린 모습을 적나라하게 드러내놓고 있다. 그 모습을 찬찬히 보고 있노라니 마음이 무겁고 짠하다.

두만강변을 따라 용정으로 향했다. 건너다보이는 북한의 낮은 산은 모두 깎아 밭을 만들었다.

"경사가 심한 산비탈 밭에서 곡식이 제대로 자랄 수 있을까요?"

"홍수가 나면 다 씻겨 내려가서 종자도 못 건질 때가 많은가 봐요." 내 물음에 운전기사가 대답했다.

얼마나 살기가 어려우면 땔감을 마련하느라 산은 민둥산을 만들고 거기에 뙈기밭을 일구어 식량을 마련해야 되는가 하는 절박함을 느꼈다.

용정에서 윤동주 시인이 다니던 대성중학교와 윤동주전시관을 둘러봤다. 이곳저곳 손볼 곳이 눈에 띈다. 전시관 운영이 어렵다고 한다. 우리 후손들이 선조들의 얼을 잘 보존하고 빛나도록 해야 하는데 후원을 못하는 심정이 안타깝고 무겁다. 용정 이곳저곳을 둘러봤는데 사람들의 표정이 한결같이 어둡고 쓸쓸했다. 어느 분이 말하길 "눈부시게 발전하는 남한 정부에서 독립 유공자와 유적지에 대하여 너무 소홀한 것 아니냐?"고 반문한다. 할 말이 없다.

연변의 조선족들은 사는 것은 어렵게 보였지만 순박하고 정이 넘치고 나눔이 있었다. 그곳 사람들은 모두 아침 일찍 일어나 춤추고 체조하며 하루를 맞이하고 하는 일은 오후 3시면 손을 놓는다. 노동시간이 8시간이다. 저녁에 그곳 우체국장 집에 초대를 받았다. 부인의 할아버지 고향은 경북 영천이고 할머니 고향은 함경도라고 한다. 함경도식 순대와 명태 식혜까지 곁들인 융숭한 식사를 대접 받았다. 연변에도 시장경제 바람이 슬슬 불어와 50평 정도의 땅은 국가에서 50년간 임차하여 집도 짓고 여백의 땅에는 채소도 기를 수 있다고 한다.

이제는 사회주의나 자유주의나 이데올로기(ideologie)에 수정이 불가피한 것을 모두 체감하는 것은 아닐까. 우체국장이 말하길 "이곳 연변의 농지는 토질이 좋아 농사가 잘 되고 특히 쌀은 중국에서도 으뜸이라 거의 다 북경으로 나간다."고 한다.

차를 마시며 담소를 나누던 중 우리나라 경기도지사를 지낸 S씨가 지사로 재직할 당시 연변에 유기농 농사법과 여러 가지로 도움을 줘 지금도 감사하게 생각한다는 이야기도 들려준다. 나도 잘 아는 S씨는 학식 있고 인품이 훌륭한 지도자다. 그곳의 조선족들은 우리 한민족의 전통을 지키기 위해 많은 노력을 기울이고 있었다. 그런데 요즈음 차츰 조선족학교가 학생이 없어서 폐교 위기에 놓였단다. 그것은 자꾸 우리말이 없어지고 학부모들은 되도록 자녀를 중국학교에 입학시키려 한다는 것이다. 그럼에도 불구하고 연변이 소수민족으로 중국의 조선족자치구로 승격된 것은 동포들의 끈질긴 노력의 결과인 듯하다.

그곳에 머무는 동안 학교의 배려로 훈춘에서 단동까지 북한과의 경계선을 따라 천릿길의 긴 여정을 돌아볼 수 있었던 것은 큰 수확이었다.

압록강변에서 바라보는 북한은 두만강변에서 보는 북한보다는 그래도 풍족해 보였다. 산에 나무도 보이고 도시의 집들은 시멘트로 지어졌고, 지붕은 페인트 색칠까지 되어 있었다. 압록강은 물길이 넓고 깊어 뱃길이 넉넉하게 보인다.

길림, 장춘, 하얼빈과 흑룡강변은 우리 민족의 숨결이 묻어 있고 우리 선조들이 독립을 쟁취하기 위해 피와 땀과 눈물을 흘린 곳이다. 일천년 전에는 고구려와 발해의 영토였으며 지금도 우리 동포들이 살고 있다. 지금은 중국의 동북공정 정책으로 우리 동포들의 마음이 많이 흔들리는 것 같아 안타깝다.

11월 중순을 넘으니 칼바람이 불어 흡사 한겨울 날씨 같다. 넓은 대지 위에 자리한 연변과학기술대학은 건물이 번듯하다. 학생들은 상냥하고 예의 바르게 인사도 잘한다. 거기에 영어도 유창하다. 이러한 대학이 예산부족으로 추위에 난방이 제대로 되지 않아 애를 먹고 있다. 학교의 한 쪽에 서울 사랑의 교회에서 지어준 생활복지관은 동포애가 느껴져 흐뭇하다.

후원이란 자립할 때까지 지속성을 요구하기 때문에 쉽고 간단한 문제가 아니다. 내가 머무는 아파트는 난방이 되지 않아 찬 기운에 온몸이 움츠러들고 감기가 떠나질 않는다. 거실에는 난로에 연탄불을 피우는데 집안에 공기가 너무 탁해서 목이 아프고 계속 기침이 난다. 견디기가 힘들어 호텔로 옮기자 방값이 생각보다 비싸다. 더 이상 머무를 필요성이 없어 결국 한국행 비행기에 몸을 실으니 만감이 교차한다.

연변은 정이 많은 사회이고 동포들의 마음도 따뜻했다.

(2006. 11)

부침개를 먹으며

비가 내린다. 비 오는 날에는 부침개가 제격이다.

냉동고에 보관해 놓은 부침가루를 찾았다.

얼마 전 화성에 사는 후배가 자기 집 뒷산에서 주워 만들었다고 갖다 준 도토리가루가 기다리고 있다. 묵은 김치를 송송 썰어서 볶아 넣고 전을 부쳤다. 생각보다 맛이 있다.

지난번 운동을 하다 다리를 다쳐 잘 걷지 못하므로 요즈음엔 거의 집안에서 시간을 보낸다. 때때로 음식이 생각나면 이것저것 만들어 먹으니 몸무게가 많이 늘었다. 사실 음식이고 일이고 자꾸 하면 숙달이 되는데 혼자서 해먹기가 싫어서 잘 하지 않는다.

화성에 사는 후배는 잔재미는 없어도 푸근해서 좋다. 얼굴은 둥글고 키는 보통인데 편안함을 준다. 1년에 몇 번 만나

점심을 먹고 산보도 하는 친구다. 그의 집에 가끔 초대받아 가면 고구마철이나 옥수수가 나올 때면 삶아서 푸짐하게 먹는다. 평상에 다리를 쭉 펴고 앉아서 담소도 나누고 수다도 떤다. 나올 때면 으레 된장과 고추장을 싸서 준다. 얼마 전 청량리 커피숍에서 만났는데 도토리가루를 가지고 왔다.

"요즈음 미세먼지가 많은데 도토리가 중금속 배출에 좋다고 하니 꼭 부침개나 묵을 쒀 잡숴."

마음 씀씀이가 고맙다. 부침개를 두 개 먹었다. 이런 날에는 누군가와 이야기를 하면서 막걸리라도 기울이면 제격인데 마땅한 친구가 없다. 부침개의 맛과 친구의 기억이 나를 행복하게 해준다.

대학교 때 비 오는 날 고향집에서 부침개를 먹던 생각이 난다.

아버지께 막걸리에다 부침개를 부쳐드리면 으레 겸상을 하자고 하셔서 아버지와 잔을 기울이며 대화를 나누던 생각이 떠올라 눈시울이 뜨겁고 가슴이 뭉클하다.

나는 누구보다도 아버지와 대화가 통했다. 주역과 인간관계라든가 중국 역사의 흥망성쇠에 대하여 대화를 나누다보면 저녁시간이 다 되곤 했었다.

부침개는 어떤 음식하고도 잘 어울리고 출출할 때 간식으로 좋다.

창밖으로 내다보니 자동차들이 연신 지나간다. 뭐가 그리 바쁜지 알 수 없지만 빨리도 간다. 자동차가 하루에 내뿜는 대기가스가 미세먼지를 일으키고 지구온난화를 가중시킨다.

부침개를 먹고 나니 피곤이 몰려온다. 오늘 새벽까지 4일 동안 칼 세이건의 『코스모스』 한 권을 읽었더니 자꾸 눈이 감긴다. 우주의 중요성을 강조하느라 같은 말을 중복으로 써서 좀 지루했다.

한 평생을 대 우주에 대한 꿈과 희망을 가지고 탐구에 몰입하여 행성학회 회장으로 몸 바쳐 살아온 칼 세이건이 떠난 후 10년을 추억하며 부인인 앤 두루얀이 『행성보고서』 2006년 11・12월호에 쓴 글이다.

그 내용은 우주와 생명의 파괴를 지키기 위해 지구 자연 환경보존의 필요성이 절실하고 인간의 창의성을 우주적 시각, 지구뿐 아니라 우주 행성의 전 영역까지도 관심을 갖고 우주적 위상을 새롭게 의식해야 한다는 것이다.

요즈음 점점 환경의 오염과 온난화로 지구가 병들고 있다. 우리는 물 한 방울의 자원자재도 아껴 쓰고 쓰레기 분리수거도 철저히 하여 지구의 자연 환경을 지키고 가꾸는데 작은 일부터 솔선하고 실천해야 한다.

시골의 쾌적한 환경에서 상쾌한 공기를 매일 마시며 사는 친구의 얼굴이 떠오른다. 말이 없어도 속정 많고 소탈한 그런 친구가 가까이 있으면 좋겠다. (2017. 11)

바람이 불면

아침부터 시원한 바람이 불어오니 기분이 좋다.

오늘은 광화문 쪽에 가서 이곳저곳 둘러보고 책도 몇 권 사려고 했는데 먹구름이 슬슬 몰려오는 것이 아무래도 비가 올 것 같다.

정오가 되자 주룩주룩 비가 내린다. 한참 뒤 살랑살랑 바람이 불어오니 비가 그친다. 바람의 힘은 무섭다. 바람의 변화가 없으면 계절의 변화도 없을 것이다.

바람이란 사전적 의미로 기압의 변화에 의해서 일어나는 공기의 움직임(태풍, 폭풍, 계절풍, 무역풍 등) 또는 비난의 목표가 되거나 어떤 힘의 방향을 받아 불안정한 일, 일시적으로 일어나는 유행, 분위기나 사상적인 경향, 남을 부리거나 얼을 빼앗는 짓을 일컫는 말이다.

이런 사전적 의미를 보더라도 바람은 선과 악을 동시에 품고 있어 총칼보다 무섭다. 바람을 들여다보면 바람끼리 뭉치는 것을 볼 수 있다. 바람은 바람으로 막고 바람끼리 일으키지만 처음엔 소리 없이 분다. 조용하던 바다가 큰 풍랑을 일으키면 바다 밑에서부터 물을 뒤집어 플랑크톤을 풍부하게도 하고 어족 자원을 풍요롭게도 하지만 풍랑이 자주 일면 어선이 뜰 수 없어 어민의 생계가 막막해질 수도 있다.

봄에 살랑살랑 불어오는 순풍은 식물들에게 꽃가루를 접목시켜 종족을 번식시키고 천지를 아름답게 수놓는다. 또한 조류가 날아갈 때 방향을 선도하고 비행기의 속도까지도 도와준다.

이 땅에는 그동안 자유에 대한 열망이 가득한 국민의 바람이 민주화 바람을 일으켜 민주주의 토대를 이룩하였고 산업화 바람을 일으켜 살기 좋은 나라로 도약시켰다.

우리나라는 반세기 만에 산업화, 민주화, 세계화를 이룩한 기적의 나라이다. 이제 국민소득 3만 달러를 누리는 세계 7대 강국에 포함되려면 무엇보다 먼저 국가의 정체성을 살리고 국민의 자긍심을 높여야 한다.

이제는 분노의 시대를 끝내고 국가 비전을 위해 국민통합이 필요할 때다.

요즈음 나라가 자꾸 좌 아니면 우쪽으로 편향되어 국민갈등이 심화되어 불안하다. 우쪽은 좌쪽으로, 좌쪽은 우쪽으로 접근해가면 분단된 나라에서 극단은 피할 것 같은데 이 분노의 바람을 가라앉힐 지도자가 그립다.

바람이 한 쪽으로만 계속 불면 옥토가 사막으로 변한다. 충남 서산의 벌만포구 뒷산이 옛날에는 아름다운 초원이었는데 지금은 사막언덕으로 변해버려 바람의 힘을 실감케 한다.

바람에는 방향 뿐 아니라 소리가 들어있다. 그 소리에는 독특한 개성이 살아있어 울림이 난다. 그 울림에는 감정의 물결이 있고 소용돌이치는 격정이 숨어있다. 소리에 의한 예술에는 음악이 있다. 목소리를 높여 노래를 신나게 부르면 신명을 일으키고 신바람이 난다. 신바람은 희망과 창의력을 가져온다. 신바람이 일어나면 밤을 새워 일을 해도 피곤한 줄 모른다.

바람을 잘 이용하면 목표를 빠르게 성취할 수 있다.

비가 그쳤다. 바람도 쐴 겸 집을 나섰다. 바람을 안고 걸을 때는 힘이 들었지만 뒤에서 밀어주니 훨씬 편하다.

어느덧 하늘은 저녁노을에 물들고 하얀 구름 몇 점이 보기 좋게 피어올랐다.

상수리나무가 미풍을 받으니 옷소매 자락이 펄럭인다.

바람이 불면 역시 기분이 좋다.

(2017. 9)

호연지기

자연경관이 빼어난 문경새재의 제일관문 주을관! 오랜만에 와보니 감회가 새롭다.

'한국에서 민주주의를 찾는 것은 쓰레기통에서 장미꽃을 피우는 것을 기대하는 것과 같다'는 비아냥거림을 받던 나라가 문민민주주의를 성공적으로 구현한 것은 수많은 민주 인사들의 결사적 헌신과 고귀한 희생이 있었기에 가능했다.

이 땅에 문민정부를 연 김영삼 대통령을 모시고 우국충정의 삶을 불태웠던 시절을 회상해본다.

이곳은 1987년부터 1992년까지 5년 동안 1년에 한번씩 1월 초순마다 YS(김영삼 전 대통령)를 모시고 왔던 곳이다. YS께서 산행을 좋아하신 것은 민주동지들과 함께 '호연지기'를 길러 민주화를 위한 정권교체를 하고자 한 목적의식에서였다.

산행은 민주산악회가 주최하는 행사였지만 당시 나는 통일민주당 지구당 위원장이었기에 꼭 참석하곤 했다. 살을 에는 듯한 추운 겨울이었지만 이른 아침 찬 공기를 가르며 산에 오르면 온갖 잡념은 없어지고 자연 속에서 일체감을 갖게 한다. 그때만 해도 40대의 젊은 혈기가 있어서 추위 따위는 아랑곳하지도 않았는데 벌써 옛 이야기가 되어 버렸다.

높은 산에 오르면 산의 정기를 마음껏 마실 수 있어서 좋다. 우리 몸에 기가 없으면 기운이 없고 용기도 생기지 않는다. 인생이란 알고 보면 자기와의 싸움이다. 될 수 있으면 매일 아침 지덕체(智德體)의 수련을 쌓으면 자기의 정체성을 유지할 수 있다.

호연지기(浩然之氣)는 '맹자(孟子)' '공손추장구상'에 나오는 말로 하늘과 땅 사이에 가득한 넓고 큰 원리이며 도덕적, 양심적으로 조금도 거리낌이 없는 마음에서 솟아나는 용기를 말한다.

기(氣)는 만물을 생성하는 힘이고 기운이다.

호연지기를 갖춘 사람은 천하에 두려울 것이 없기 때문에 큰일을 감당하여도 마음에 흔들리는 바가 없다. 이런 사람이 지도자가 되면 언제나 긍정과 신뢰로 소통하기 때문에 주위에 많은 사람이 모여드는 것이다.

문경새재는 문경에서 충주로 가는 길목에 있다. 새재에 길이 열린 것은 조선 초기에 도로망을 정비하면서부터다.

산세가 험악한 이곳은 임진왜란을 겪으면서 중요한 요충지가 되었다고 한다. 그때 신립 장군은 이곳을 버리고 충주 탄금대에 배수진을 잘못 쳐서 왜군이 곧장 서울로 진격할 수 있는 길을 열어준 꼴이 되었었다.

이곳에는 제일관문 주흘관, 제이관문 조곡관, 제3관문 조령관이 있는데 주흘관은 300년이 지난 지금도 옛 모습을 그대로 간직하고 있다.

한여름이 지난 지 얼마 되지 않았는데도 벌써 산바람이 차다. 물줄기가 장관을 이루는 여궁폭포를 지나 조곡관으로 걸음을 옮기며 지난날 YS와 민주동지들의 모습을 한 분 한 분 그려본다.

특히 1992년 1월 9일 이곳에서 대대적으로 열린 민주산악회 전국대회는 3만 명이 넘는 회원이 참가하여 YS에게 3당 합당 후 대통령 직선제와 집권여당의 대통령 후보를 당내 경선으로 뽑는다는 난제를 청와대 담판으로 결단하는데 큰 몫으로 작용했다. 그 후 YS가 1992년 12월 18일 제14대 대통령에 당선됐다.

젊은 시절 민주화 과정에 작은 힘이나마 일조했다고 생각하니 감회가 서린다. YS는 덕장이고 용장이셨다. 오늘날 지도자는 지덕체뿐 아니라 정보수집능력도 빠르고 외교력도 뛰어나야 하며 판단력도 치밀하고 정확해야 한다.

이 혼돈의 시대에 우리를 이끌 지도자는 어디에 있을꼬.

(2015. 9)

모스크바 방문

7월 13일 모스크바 세레메티예보공항에 도착했다. 공항이 생각보다 대단히 협소하다. 입국수속을 간단히 끝내고 안내원을 따라 나섰다. 자유주의와 사회주의 이념의 양대 진영의 한 축이었던 구소련의 수도 모스크바를 방문하니 만감이 교차한다.

현대사의 물결이 꼬리에 꼬리를 물고 지나간다.

러시아는 세계에서 가장 넓은 영토를 소유한 나라다. 동쪽으로는 캄차카반도에서 서쪽으로는 상트페테르부르크까지 17,075,400㎢에 다다르는 방대한 나라이다. 러시아가 발전하기 시작한 것은 1689년 표트르로마노프 황제가 절대왕정 체제를 갖추고 서양문화를 답습하고부터이다.

어느 나라나 제일 중요한 것이 체제 안전과 경제 발전인데 자본주의인 자유주의 국가나 통제경제인 사회주의 국가나 경제가 부흥 발전되기 위해서는 국민이 자발적으로 생산에 앞장서야지 국가나 권력이 개입하는 것은 단기간의 처방이지 장기전이 되지 못한다. 여기에 딜레마가 있기 때문에 개혁 개방이 필요한 것이다.

세계2차대전 이후 1990년 3월 고르바초프는 소련 최초로 대통령에 선출되어 개혁을 이룩하고 냉전체제를 무너뜨렸다.

그리고 1991년 12월 엘친 대통령은 소련공산체제를 해체하고 구소련 내 11개 공화국과 함께 사회주의 독립국가연합(CIS, Commonwealth of independent States)을 결성하여 오늘에 이르렀다.

하늘은 파랗고 공기는 맑다. 시내에는 모스크바강과 볼가강이 흐르고 95%를 차지하는 아파트 건축물은 8~10층의 주상복합으로 1층은 상가가 자리 잡고 있다. 시내에는 두 강의 운하가 잘 연결돼 있어 홍수의 피해는 없다고 한다. 눈길을 끄는 육교는 지붕으로 덮여있는데 이것은 겨울에 눈이 많이 와서 위험 방지 때문이라고 한다.

시내 곳곳의 무명용사 묘에는 용사의 애국충정을 기리기 위하여 24시간 꺼지지 않는 불길이 타오르고 있다.

대통령 집무실인 크레믈린궁은 경계가 삼엄하여 아직도 철의 장막인 듯싶다. 크레믈린은 붉은 벽돌로 지어졌는데 '크레믈'이란 러시아어로 성벽을 의미한다고 한다. 또한 붉다는 뜻을 지난 '크라스나야'는 러시아고어로 아름답다는 뜻이란다. 모스크바의 크레믈린은 긴 역사를 통해 서서히 확장되어 황제의 성으로 번영했다. 모스크바의 심장이며 러시아 역사의 산 현장이라 할 수 있는 붉은 광장에는 아직도 많은 사람이 모이고 헤어진다. 한낮의 햇볕이 작렬하는 광장에는 레닌묘를 참관하고자 많은 사람이 줄지어 서 있다. 전승공원에는 제2차 세계대전 승리 50주년을 기념하기 위한 승리탑이 있다. 탑의 높이가 141.7m인 것은 전쟁이 1,417일간 계속된 것을 상징한다고 한다. 승리탑 뒤에는 당시 사용한 무기와 사진 자료 등이 전시돼 있다. 인류사는 전쟁의 역사다. 생과 사의 갈림길에서 힘 있는 승리자만이 살아남는다는 만고의 진리 앞에 할 말이 없다.

붉은 광장 북쪽에는 아홉 개의 돔을 가진 불균형의 조화를 이룬 러시아 정교회의 성바실리 성당이 아름답게 자리하고 있다.

레닌언덕 왼쪽의 노보데비치 수도원은 수도원 겸 감시소의 역할을 했던 곳으로 소련 당서기장이던 후루쇼프의 묘와 러시아의 유명한 성악가와 문학가의 묘소도 함께 있다고 한다. 이곳의 궁전 건축물이나 러시아 정교회 건축은 지붕의 끝이 뾰족하고 천장을 둥근 아치형으로 페르시아의 건축 공법을 모방하고 있다.

붉은 광장 건너편에 모스크바 최대의 굼백화점이 자꾸 손짓을 한다. 외형은 번듯한데 진열된 상품들은 그다지 품질이 좋아 보이지 않는다.

물가도 한국보다 비싸다. 커피숍에서 커피 한 잔을 마시니 기분이 좋다. 피로할 때 커피는 어떤 묘약보다도 최고다.

러시아가 배출한 대문호 톨스토이의 『전쟁과 평화』, 『안나 카레니나』와 토스토엡스키의 『죄와 벌』에 빠져본다. 작가가 작품을 쓰기 위해서는 그가 처한 환경을 뛰어 넘을 수가 없다. 『안나 카레니나』는 시대를 뛰어 넘는 걸작이다.

커피를 한 잔 더 마시려 했으나 오직 루블만 통용되어 아쉽게도 더 마실 수가 없다. 시간이 되어 이곳에 머문 흔적을 몇 자 적으며 떠난다.

(2017. 7)

상트페테르부르크에서

모스크바에서 비행기로 1시간 20분을 소요하여 상트페테르부르크에 도착하야 여름궁전을 찾았다.

여름궁전은 1714년 표트르 대제가 1709년 스웨덴과의 폴바타 전투에서 승리한 후 황제들과 귀족들이 여름을 지내기 위한 별궁으로 총 면적 1,000헥타르 대지 위에 네덜란드식 바로크 양식으로 설계하여 지어진 건축물이다.

공원 내에는 고대 그리스 로마 신화의 영웅 조각상이 무려 260개나 있다. 잘 조성된 가로수길이 아름답다.

분수정원에서는 정오가 되자 물을 뿜기 시작한다. 관광객들의 함성이 울려 퍼지는 사이 나는 필란드만 다리가 있는 곳까지 빛나는 태양빛 아래 아름다운 풍경을 감상하며 천천히 걸었다. 필란드만의 푸른 바다와 어우러진 운치 있는 공원이 참

으로 아름답다

예카테리나 궁전

예카테리나 여제에 의해 지어진 대궁전과 별관은 바로크 양식으로 된 하늘빛의 건축물로 실내장식이 매우 호화스럽다.

도금한 거대한 거울로 장식된 접견실, 호박으로 꾸민 객실 등은 러시아 황제의 사치성을 그대로 반증한다. 대궁전 앞의 정원은 한 폭의 그림 같다.

에르미타시 박물관

에르미타시 박물관은 루브르 박물관, 대영 박물관과 더불어 세계3대 박물관 중 하나이며, 세계적으로 귀중한 역사적, 예술적 가치를 지닌 수백만 점의 소장품들이 있다.

겨울궁전은 수도 중심의 강변을 따라 연결되는 궁전건축의 효시가 되면서 표트르 대제에 의해 황제들의 겨울궁전이 네바 강변에 세워지고 이곳이 박물관의 위치가 되면서 터 잡기가 시작되었다.

1754년부터 8년에 걸쳐 엘리자베스 페트로프나 여제의 명령으로 새로운 건물을 지었는데 이것이 겨울궁전이다.

본격적인 미술품 수집은 예카테리나 2세 때부터 시작되었었고 지금은 세계문화와 예술사를 연구하는 학자들로 학문선도의 중심 역할을 하고 있다. 전시실 입구에는 예카테리나 2세가 타고 다니던 황금마차가 금방 어딘가로 떠날 듯한 자세로 있고 복도 우측 벽에는 표트르 1세의 대형 초상화가 걸려있다. 박물관 신관 앞쪽의 소옥좌관인 표트르홀은 러시아 군주제 창시자인 표트르 대제에 대한 모든 것이 설명되어 있다. 표트르 1세와 미네르바라는 상징적인 그림을 비롯하여 그의 낙관과 왕관, 쌍머리 독수리 등 황제를 상징하는 물건들이 옛 영화를 말해준다. 특히 스웨덴과 벌인 북방 전쟁의 전투를 그린 유화작품은 러시아의 위엄과 영광을 여실히 보여준다.

대옥좌관인 게오르기홀에는 공작석 원형 천장의 방, 알렉산드르홀, 황금실 전망홀과 라파엘 화랑 등이 있다.

박물관에는 원시시대의 문화와 고대 그리스 로마시대의 작품을 비롯, 레오나르드 다빈치의 '마돈나리타', 렘브란트의 '다나야'와 '돌아온 탕자', 엘그레코의 '베드로 사도와 바울 사도', 루벤스의 '흙과 물의 연합'과 '젖 물린 딸', 폴 고갱의 '과일을 들고 있는 여자', 파블로 피카소의 '부채를 든 여자' 등 유명한 작품이 많다. 그밖에도 미켈란젤로와 베르니니 로댕의 작품들과 아울러 세잔, 르누아르, 다비드 등의 작품도 전시돼 있다.

이런 세계적인 명화를 감상하다니 정말 좋은 기회다. 문화와 예술은 나라가 안정되고 경제가 풍족할 때 작가가 그의 역량을 맘껏 펼칠 수 있다.

대옥좌관인 게오르기홀은 흰 대리석의 클래식 양식으로 꾸며져 있는데 니콜라이 1세의 지시로 카라라산 백대리석을 이탈리아에서 수입하여 전 공간에 사용하므로 화려함과 장엄함을 나타내고, 각종 무늬로 옥좌석 위를 장식하고 천장은 도금무늬를 써 화려함의 극치를 더하고 있다. 이곳은 러시아 황제의 모든 공식적인 행사를 거행했던 곳이다.

2층 전시실을 지나 3층으로 올라가는 복도에 우리나라 김흥수 화백의 그림 '승무'가 걸려있어 흐뭇함을 맛본다. 이 작품은 1991년에 이곳에 전시됐던 작품이란다.

1917년 혁명 이후 러시아 제국이 붕괴되면서 에르미타시는 국립박물관이 되었고 모든 개인 소장품은 국유화되었다.

지금의 겨울궁전은 러시아 역사를 한눈에 볼 수 있는 곳이며, 소장품은 250만점으로 90% 이상이 미술품이다.

천천히 음미하면서 감상하면 좀 더 자세히 볼 수 있을 텐데 시간에 쫓겨 아쉬움이 크다.

피터폴 요새, 바실리 등대를 둘러본 후 러시아 최대 규모이며 상트페테르부르크의 대표적인 성당인 이삭 성당을 찾았다. 초록색의 공작석으로 만든 모자이크 조각 기둥이 감탄을 자아내게 한다.

네바강 선착장에서 유람선을 타고 강변에 있는 상트페테르부르크 역사지구의 건축물들을 살펴보니 흡사 베르사유 궁전과 루브르 박물관을 보는 듯한 착각을 일으키게 한다.

여행은 시야를 넓히고 상황을 확인하며 비전을 제시하고 좀 더 확실한 나를 재발견하게 한다. (2017. 7)

인생은 태어나서 죽음으로 끝나는 긴 여정이다.

세월의 흐름 속에서 배우고 사랑하고 일하고 생각하고 고민하고 즐기면서 70년 이상 살아왔다.

힘겨웠지만 숨 가쁘게 달려와 이제 고갯마루에 섰다.

더 저물기 전에 마음을 추스르고 주변을 정리하는 심정으로 지평선을 바라보며 발걸음을 옮긴다.

들어도 잊어버리는 나이에 남은 기억에 의지하고 마음을 다독이며 진솔하게 적어본 편편을 내놓으려고 하니 망설여졌지만 용기를 내기로 했다.

고래도 칭찬하면 춤을 춘다고 격려와 용기를 주시는 문학시대수필가회 회장님을 비롯한 문우들의 따뜻한 사랑에 마음깊이 감사드린다. 그리고 내 동생 홍사안 시인에게도 고마움을 전한다.

2018년 8월

저자 **홍사임**